JN434477

■조리기능사 문제 수록
■최신 지방기능경기대회 과제 수록
■최신 전국기능경기대회 과제 수록

개정판

서양 조리

이종호 · 이철기 · 강옥구 공저

기문사
www.kimoonsa.co.kr

머리말

서양조리가 전래된 지도 100년이란 세월의 흐름 속에 오늘날 우리 생활에 매우 친숙해져 있다. 일상생활 속에 서양음식의 문화가 많은 곳에서 우리가 알게 모르게 자리 잡고 있는 실정이다. 누구나 피자, 스파게티, 돈까스, 샐러드, 수프 등은 쉽게 즐기는 대중성 있는 음식으로 자리 잡았다.

음식을 만든다는 것은 아무나 할 수 있다는 단순한 생각에서 출발하였다면 매우 잘못된 생각이다. 지금 세계는 문화전쟁이라 할 정도로 문화산업에 자국의 문화적 가치를 높이기 위하여 많은 노력을 기울이고 있는 실정이다. 따라서 세계시장은 팔기 위한 사업에서 즐기기 위한 사업으로 전환되는 시점인데 그 중 식문화 산업이 차지하는 비중은 매우 높다고 할 수 있겠다.

국가 차원에서 자국의 음식을 브랜드화하여 세계시장에 경쟁력 있는 상품으로 개발하기 위한 노력과 더불어 다른 나라 음식을 분석하여 자국화하는 경향이 심해지고 있는 실정이다.

이에 우리도 서양요리를 보다 체계적으로 연구하여 가장 한국화할 수 있는 메뉴의 개발이 필요하다고 할 수 있겠다.

본 교재는 조리를 처음 시작하는 학생들이 가장 핵심적인 조리의 목적과 호텔의 조리부서의 기능과 안전 및 위생에 관한 일반적인 사항을 정리하였다. 그리고 저자가 현장실무에서 경험한 내용들을 조리과학적 이론으로 정리하였다.

또한 서양조리의 이론적 내용을 코스요리에 맞추어 에피타이저부터 디저트까지 각각의 요리에 관한 이론 및 조리과학적 이론을 정리하였다.

실무 편에서 최근 정리된 양식조리기능사 문제와 지방기능경기대회 및 전국기능경기대회 기출문제를 제시하였다.

나름대로 열정을 가지고 본서를 집필하였는데 부족한 점이 많으리라 생각되어진다. 앞으로 부족한 점은 계속해서 수정 보완할 것을 약속드리며, 본서를 출간하는데 힘써 주신 기문사 한인환 사장님과 직원 여러분께 감사드립니다.

2011년 2월 저자

차 례

제1장 서양조리의 개요

제2장 조리 업무

제3장 주방조직과 직무

제4장 주방 관리

제5장 서양요리의 식사형태

제7장 조리기능사 문제

제8장 기능경기대회요리

2007년 지방기능경기대회 과제

제41회 전국기능경기대회 과제

제 1 장 서양조리의 개요

〈서양조리의 개요〉

» 제1장
서양조리의 개요

1. 요리의 의의

음식이 우리 인간의 삶에서 차지하고 있는 중요성을 부인할 사람은 아무도 없을 것이며, 또한 먹는 행위는 사회적인 활동으로 집단의 동질감을 형성시켜 구성원들의 단결력을 다져준다. 요리의 두 가지 기원으로부터 하나는 민중적인 기원 즉 토양이나 자연과 깊은 관련이 있는데, 제철에 얻어진 산물을 사용하고, 조상대대로 이어져 온 기술을 토대로 하며, 전통에 의하여 굳어진 조리법이나 조리기구 및 식기를 사용한다. 또 다른 하나는 학술적인 기원의 요리인데, 이는 역사의 흐름에 따라서 농민(혹은 어부)의 요리와 가정에서 만들어진 서민요리와 요리를 탐구하는 일에 전적으로 헌신하는 요리사가 시간과 기술을 가지고 실천할 수 있는 전문적인 요리가 있다.

요리의 역사를 살펴보면 지나치게 부담스럽고 복잡한 요리에 대한 반동으로 가공되지 않은 자연 그대로의 산물로 회귀하려는 현상이 주기적으로 일어나는 것을 볼 수 있다. 그러나 진정한 요리예술은 자연 상태의 소재에 있는 것도, 복잡하고 부담스러운 요리에 있는 것도 아니다. 위대한 조리사들은 자연그대로의 재료들을 향상시키고, 재료들이 가진 본래의 맛을 끌어내고, 그 농도를 돋보이게 하는 방법을 알고 있다.

고대의 인류는 불이나 조리도구의 개념자체가 없었기 때문에 수렵활동을 통한 음식의 섭취를 익히지 않고 그냥 날것으로 먹었을 것이다. 그러던 인간은 B.C 36만 년 전 정도의 시기로 추정한다. 번개로 인하여 인간은 불을 처음 접하기 시작했고 인간은 몸을 데우기 위하여 불을 사용하였고 숲속의 화재로 불에 익힌 고기가 날것보다 연하고 맛있다는 것을 깨우치면서 맛을 즐기게 되어 조리법으로 불이 이용되기 시작하였고 단지 육류뿐만 아니라 곡류에 이르기까지 불의 쓰임은 다양해져 갔다.

이렇듯 불의 발견으로 최초의 요리방법은 구이였다고 추정이 된다. 뜨거운 불 위나, 타다 남은 숯 위에서 덩어리 또는 꼬치에 끼워 구웠을 것이다. 또한 원시시대에 사용했던 요리방법 중 하나가 삶는 것인데 이 방법은 옹기가 발명된 후 사용했을 것으로 추측된다.

지구상에 인류가 생긴 이래 음식을 만드는 일은 계속되어 왔고 인류의 모든 생활이 발달함에 따라 음식을 만드는 기술도 발달하였다. 어떤 학자들은 길고도 긴 세월에 걸쳐서 발달한 이 요리 행위를 요리 혁명이라고 주장하고 있고, 이 혁명은 3단계에 걸쳐서 진행되었는데 첫 단계는 음식재료의 세척, 절단, 그리고 분쇄 등이고, 제2단계는 굽고, 볶고, 찌며 끓이는 등 불을 이용한 조리이며, 마지막 단계는 여러 가지 조미료에 의한 음식을 조미로써 요리 혁명이 비로소 완성되었다는 것이다. 이러한 요리행위는 자연산물에 대한 식용범위를 확대하고 마침내 식품산업을 발전시킴으로써 오늘날 인류의 먹을거리를 공급하는데 크게 기여하고 있다. 조리란, 식용 가능한 식품군들을 선별하여 굽거나, 볶거나, 삶거나, 찌거나, 튀기기면서 식품이 가지고 있는 기본적인 특성을 향상시키면서 먹을 수 있는 상태로 만들기 위하여 식품에 물리화학적인 변화를 주면서 조미하는 과정을 거쳐서 위생적으로 안전하고, 기호성을 높여 음식을 즐겁게 먹을 수 있도록 만드는 과정이라고 정의할 수 있겠다.

그러나 위에서 언급한 내용들은 조리의 개념을 가열조리에 관련된 사항이고 비가열조리에서는 식품이 가지고 있는 특유의 외관, 향미, 촉감 맛 등을 그대로 살리면서 식품자체의 모양을 변형시키면서 조미하는 과정을 통하여 기호성을 증진시키는 과정이라고 정의할 수 있겠다. 이와 같이 조리는 모든 식품이 먹을 수 있도록 하기 위하여서는 반드시 어떤 조작이 가해진 후 먹을 수 있는 음식물의 형태로 된다. 따라서 조리과정에서 일어나는 변화를 알아서, 즉 식품의 물리화학적인 구조를 이해하고, 조리조건들이 식품의 성분변화에 어떠한 영향을 미치는가를 과학적으로 설명하는 것이 조리원리의 목표이다.

조리를 할 때 유의할 사항은 시각적 표현에 있어서는 단순하면서도 자연스러운 표현의 의미를 가져야 하며, 미각적인 면에서는 인공적인 맛을 가미하지 않고 식품자체의 자연적인 맛, 즉 순수미가 있어야만 조리의 의의를 갖는다. 따라서 조리사들은 시각적, 미각적 측면의 내용을 충분히 가미하기 위한 절차로서, 섬세한 조리기술 개발과 과학적인 조리방법을 터득하여 직접 적용시키는 것이 매우 중요하다고 하겠다.

또한 조리는 광의의 개념과 협의의 개념으로 나눌 수가 있는데 넓은 의미에서는 식사계획에서 시작하여 식품의 구매, 조리조작과 식탁의 구성 등 모든 과정을 포함하여 음식을 먹기까지의 일련의 과정을 포함하고 있다. 좁은 의미의 조리로서는 여러 가지 조리방법에 따른 식품의 성분, 조직, 물성 등의 변화를 포함하는 조리 과학적 지식에 근거를 두고 있다.

2. 서양요리의 역사

우리나라에 서양요리가 전래된 것이 언제부터인지는 정확한 문헌이 없어 단정짓기는 어려우나 개화의 바람과 함께 약 100년 정도 되었을 것으로 추정된다. 그 후 발전을 거듭하여 현재에 이르게 되었다. 우리가 종종 양식과 서양요리를 동일시하는 경우가 있는데 이는 잘못된 인식이다. 서양요리라 함은 프랑스요리와 이탈리아요리를 중심으로 한 유럽을 말하며, 양식이란 일제 식민지일 때 일본식 서양요리와 해방 후 미군으로 도입된 요리를 미군 스타일의 양식과 구분하여 생각하는 것이 좋다.

(1) 고대 바빌로니아와 이집트인의 식사

고대 바빌로니아(Babylon)는 식용이나 음료용이나 모두 보리를 많이 사용하였고, 빵을 발효시켜 만들지 않고, 보릿가루에 꿀, 버터 우유 등을 넣고 반죽하여 페스트리나 케이크를 만들어 먹었다고 한다. 바빌로니아인들은 식기로서 역청(瀝靑)이나 뼈로 만든 나이프와 스푼을 사용하였고, 흙으로 만든 국자를 사용하였다. 하지만 그들의 조리법에 관한 기록은 아무것도 전해지는 것이 없다. 이집트에서 전해오는 조리법 역시 아무것도 없다. 그러나 이집트인들의 분묘나 피라미드의 벽에 새겨진 그림이나 상형문자에 빵 굽는 사람이 자주 등장하는 것으로 보아 빵을 주식으로 하였고, 끓이는 것과 굽는 방식이 그들이 선호했던 조리법인 것 같다. 아침식사는 온가족 함께하는 것이 아니고, 지난밤 절식을 끝내고 혼자서 조용히 하는 식사였다. 그들은 스푼을 사용하였고 아마 포크도 사용했을 테지만, 대부분의 경우 손가락으로 음식을 먹었다.

(2) 고대 그리스인의 식사

불행히도 지금까지 전해지는 그리스의 요리책은 없으며, 오로지 알체스트라트(Archest-rate)의 저서에 그 흔적만이 남아 있다. 그의 저서에는 산토끼의 요리법에 대하여 소개하고 있는데, 산토끼는 덜 익은 채로 구워야 하며 간단한 소금 간을 하여 먹는다고 소개되어 있다.

고대 그리스인들의 아침식사와 점심식사는 간단한 것이었지만 저녁은 훌륭한 정찬이었다. 식사 중에는 술을 마시지 않았고, 식사가 끝난 뒤에야 디저트와 함께 마셨다. 그리스의 요리는 석쇠에 굽거나 불에 쬐는 방식이었다. 그리스인들은 대개 음식을 손가락으로 먹었음을 알 수 있는데, 한입에 먹기 쉬운 크기로 미리 작게 썰어 놓든지 혹은 적당한 크기로 뭉치도록 눌러 놓아야 한다. 걸쭉한 소스는 음식을 작게 뭉치는데 편리한 이점이 있지만, 점액이 많은 고기국물은 닦아내기 어렵기 때문에 아무리 맛이 있을지라도 귀찮게 여겼다. 따라서 사람들이 옆으로 누워서 식사를 하는 한 이러한 것이 그들의 음식형태를 결정적인 요소로 남아 있다.

(3) 고대 로마인 식사

처음 요리에 대한 전문서적이 발간된 것은 A. D. 1~3세기에 베니스에 살았던 로마인 아피시우스(Apicius)에 의해서였다. 아피시우스의 조리법을 판단해 보면 로마인들은 굽는 요리를 많이 하였는데, 그들은 꼬챙이에 꽂아서 구웠고, 오븐도 사용하였다. 오븐 두 종류를 사용하였는데, 큰 종류의 오븐은 그 내부에서 불을 지펴서 필요한 만큼 열을 얻고 난 후에는 재를 퍼내는 형태로써, 이 방법은 그 후에도 계속되었다. 작은 종류의 오븐은 이중벽이 되어 있어서 그 하부에서 불을 지피면 열이 내벽의 주위를 따라 올라가서 내측의 공간을 뜨겁게 하는 구조로 되어 있다. 또한 로마인들은 포도주에 적신 빵, 약간의 양파, 양이나 염소의 젖으로 만든 치즈로 아침식사를 하였고, 오전 11시나 정오에는 빵과 과일을 먹었고, 정찬은 저녁 5~6시경에 이루어졌다. 로마인들의 조리법은 상당히 발전하였는데, 그들은 요리에 기름을 사용하였고, 스토브는 세워져 있었으며 그 위에는 여러 종류의 솥과 냄비, 팬 등을 숯이나 장작불 위에 걸쳐진 낮은 철제 삼각대 위에 올려서 구워 먹었다.

(4) 중세요리

로마제국의 붕괴는 식품의 국제적 유통을 완전히 중단시켰다. 따라서 로마사람들은 그 지역에서 생산되는 식품들로만 요리를 해야 하는 처지가 되었다. 중세 초기시대에는 고대시대를 구별 짓는 것은 음식을 구워먹는 방법이 오히려 퇴보되었다는 것이다.

그들은 고대시대에는 약한 불이나 가마솥에 굽는 방법을 알았지만 중세에는 그 당시 왕들은 때에 따라서 임신한 동물이 새끼를 출산할 때까지는 어떠한 동물도 식품용으로 도살되어서는 안 된다는 훈령이 내려졌기 때문이다. 따라서 그전 조리기술(고대 로마 시대)과 함께 실제적으로 상업이 부활되기까지는 수백 년의 세월이 걸렸다. 또한 중세 초기에는 요리나 식사가 주로 수도원에서 유지되었는데, 한편 수도원 조리실은 대식가나 미식가를 위하여 음식물을 조달해야 했으며, 기도를 중시하는 금욕적인 수도사를 위한 식사를 준비해야 했다. 그 시대의 요리는 항상 짜고 단것만을 좋아하였고, 유일하게 새로운 것이 있었다면 지방산물을 도입하였고, 식사법에 대해서는 손을 씻는 습관이 있었고, 포크도 사용하였다.

중세 초기에는 양고기가 귀하였고, 돼지고기는 중세 사람들이 대단히 좋아하였다. 돼지는 유용한 동물로써 사육하기도 쉬웠다. 치즈와 빵은 신분의 계층과 관계없이 모든 사람의 식사에 중요한 식품이었다. 특히 십자군의 귀환 후에 새로운 맛이라기보다는 오히려 과거에 잊혀졌던 향신료에 대한 기호를 찾게 하였으며, 향신료의 사용은 많은 유럽인들의 요리에 풍미와 외관을 변화시켰음에 틀림없다.

(5) 16C와 17C 요리

사치스런 고급요리가 사회적 권위를 상징했던 유럽의 오랜 전통은 이미 중세 때 확립되어, 16~17세기 초까지도 중세적 취향이 요리에 직접 반영되었고, 17세기 요리의 근대적 혁명도 중세의 용광로에서 서서히 이루어졌다. 이때까지 근대 프랑스요리의 정신은 태동하지 않았고, 유럽귀족의 식습관은 기독교처럼 요리의 유럽화가 이루어진 만큼 비슷하였다.

1550년 카트린 드 메디치(Catherine de Medici)가의 공주는 프랑스 Henri Ⅱ에게 시집오면서 피렌체의 우아한 식사예절과 이탈리아의 훌륭한 요리사들을 대동하였다. 이때부터 프랑스에서 식탁의 르네상스가 시작되었다. 식탁에는 베네치아의 유리잔, 금속식기 대신에 도기와 은제식기와 세련된 포크가 유행하였는데, 카트린 자신은 포크를 사용하지 않고 손으로 음식을 먹었다.

이 무렵 프랑스인들은 신선한 버터나 유제 크림, 굴과 연어 산딸기를 즐겨 먹었다. 1651년에 피에르라 바렌(Pierre La Varenne)이 프랑스의 요리사(Le Cusinier francois)라는 책을 출판하였다. 이 시기에 출판된 요리책들은 근대적 프랑스요리를 탄생시킨 전통주의자와 근대주의자들 간에 첨예한 대립을 담고 있었다. 프랑스인들은 근대요리를 개발하였는데 그 기원은 음식의 자연스러운 맛을 최대한 살리자는 17세기 요리혁명과도 결부되었다. 채소수프, 샐러드, 그리고 고기파이 속에 채소를 넣을 것을 강조하였고, 음식 원래의 맛을 살려서 간단하게 그리고 가볍게 먹자는 것이 시대적인 구호였다.

(6) 18C 요리

이 시대에서는 17C에 도입된 요리를 기본요소들이 체계화하기 시작하였고, 마리 앙투안 카렘(Careme, Marie Amtoine 1783~1833)은 조리사, 제과사일 뿐만 아니라 이론가이기도 했으며 숯과 고기 굽는 기구로 천재성의 불꽃을 발휘하는 조리장이라는 평판을 들었다.

프랑스요리 가운데 유명한 개구리요리는 1751년 리옴(Riom) 지방의 시몽이란 음식점 주인이 시몽식 개구리요리를 발명함으로써 유명해지기 시작하였다. 오늘날 프랑스요리의 대표적 고급요리인 푸아그라는 로마시대에도 있었으나 알자스 지방의 젊은 요리사가 이를 재발명하였다. 그때까지만 하여도 푸아그라(Foie gras)는 가금류, 닭, 거위 등의 간만을 의미했으나, 1850년 이후에야 비로소 오늘날처럼 살찐 거위간만을 의미하게 되었다. 상류사회와 달리 농민들은 중세와 마찬가지로 수프를 먹었고 고기나 달걀이 든 한 접시의 요리와 유제품 중, 특히 치즈를 많이 먹었다. 빵과 지역에 따라서 밀이나 보리, 메밀 등을 사용하였다.

(7) 19C 요리

프랑스 혁명으로 새로운 중산층이 형성되면서 고전적인 식도락을 탄생시켰는데, 이들은 귀족적인 식도락 예절이나 포도주를 마시는 올바른 예법을 제대로 알지 못했다. 또한 이전까지 귀족의 저택에서 일하던 요리사들은 레스토랑(restaurant)이라는 무대에서 중산층을 대상으로 영업하기 시작하였다. 레스토랑(restaurant)이라는 원래용어는 고기를 넣고 푹 끓인 수프를 의미하였는데, 회복수프(bouillon restaurant)라는 별명으로 불리게 되었는데, 이것을 마시는 사람의 정력이 회복한다는 의미에서였다.

1765년 현재의 루브르 거리에 해당하는 풀거리에 고기수프를 판매하는 오늘날과 같은 형태의 레스토랑을 최초로 열었다. 이를 모방하여 많은 레스토랑이 생겨나게 되었다. 19세기 말까지 프랑스식 상차림은 요리의 가짓수가 엄청나게 많은 식탁을 가리키는 말이었는데, 1810년 러시아 대사 쿠라킨 공에 의해서 모든 사정이 달라지게 되었다. 그는 요리를 정해진 순서대로 차례차례 서비스하였고, 이러한 러시아식 상차림은 식도락에 여러 가지 변화를 가져왔다. 누구나 동일한 음식과 식지 않은 더운 음식을 먹을 수 있었고, 더 좋은 음식을 골라먹는 시기심을 가질 필요가 없었다.

(8) 20C 요리

20세기는 관광과 식도락의 결합으로 요리법의 단순화, 가벼운 음식 그리고 바쁜 고객들의 현대 생활의 절대적 필요성에 부합하는 요리기법을 주창하고 프랑스요리를 예술의 극치로 승화시켰던 카렘의 뒤를 이어 요리학의 형식화를 구축한 오귀스트 에스코피에(Auguste Escoffier)에 의해 대표된다. 1890년 에스코피에의 옛 친구 세자르 리츠(C' esar Ritz)는 웨이터로부터 출세해 호텔 1급 기획가로서의 실력을 발휘하여 런던에 사보이 호텔을 개설하였다.

영국인들은 에스코피에와 리츠의 최고의 식사와 최선의 서비스에 매료되어 부인들과 신사들이 가족을 이끌고 레스토랑을 찾아와 식사를 하곤 했다. 요리의 거장들은 프랑스 전 지역의 서민적인 민속요리나 부르주아 요리에서 혹은 이제 식도락의 명소가 되어 버린 가정적인 여인숙에서 자신의 위대한 영감의 원천을 발굴해 냈다. 이처럼 20세기에 들어서는 원거리를 달리는 철도, 선박들의 수송이 서구인들의 식생활에 영향을 미쳤고, 인구의 증가로 온 세계의 공통의 것으로 대중화하고 있다.

제 2 장 조리 업무

{조리 업무}

>> 제2장

조리 업무

1. 조리의 개요

우리 인류가 음식을 조리하여 먹기 시작한 것은 불을 발견한 이후라 생각되며 기술 문명의 발달과 더불어 조리 방법과 형태에도 많은 변화가 있었다. 어떠한 형태이든 우리 인류는 지금까지 음식을 조리하여 먹고 있으며, 미래에도 그러할 것이다. 조리를 한다는 것은 일정한 방법이 정해진 것이 아니라 일정한 기술을 가진 사람들이 오랫동안 연구와 경험에 의해 이상적인 방법에 도달한 것이 많으며, 또한 구전에 의한 방법을 그대로 전수받아 익힌 기술을 상품의 가치로 승화시켜 조리기술로 숙달시킨 것들이 많음을 알 수 있다.

경제성장과 식문화 전승기술의 발달로 조리형태와 방법에 많은 변화를 가져와 실무의 기술 향상은 물론 조리의 과학적 접근방법이 이론적으로 합리적이고 체계적으로 정립되어 가고 있다. 요리는 유행이란 말이 있다. 유행이란 인간의 의식구조의 외형적 표현이라 할 수 있으며, 이 의식구조는 사회환경 변화에 영향을 받는다. 즉, 조리란 시대의 흐름에 따라서 방법 및 형태가 변화하며, 이 변화의 초점은 미각적, 영양학적, 시각적 만족에 있다 하겠다.

현대사회는 옛날에 비하면 매우 복잡하고 다원화되었기 때문에 그 결과 우리 식생활 패턴(pattern)은 음식 섭취에 따른 각종 성인병이 증가하고 있고, 또한 바쁜 생활환경의 영향으로 편이식(fast food, instant food)의 이용이 빈번하여 졌다. 이런 점을 고려할 때 영양소의 절대 섭취보다는 건강식(health-care food)에 대한 배려가 중요시되고, 편이식이 갖는 영양상의 불균형, 각종 첨가물에 대한 허용 기준 등 과거에 비교해 이러한 문제에 대한 관심이 고조되고 있다.

요리의 시각적 표현에 있어서는 복잡함을 피할 수 있는 단순하면서도 자연스러운 표현기법이 요구되고 있다. 미각적으로는 가급적 인공적인 맛을 가미하지 않은 순수미가 요청되고 이를 위해서는 좀 더 섬세하고 과학적인 조리기술과 신선한 재료의 사용이 필요하다.

상기한 바처럼 오늘날 요리는 항상 주위의 환경변화에 민감한 반응을 보여 식문화의 핵이라 할 수 있겠다. 접시의 색상과 형태, 재료의 색채와 분량 그리고 곁들임(garnish)이 잘 조화를 이루어 통일된 인상을 줄 때 그 요리는 하나의 예술작품으로 손색이 없을 것이다.

2. 조리 업무

조리를 한다는 것은 과학적 지식과 예술적 감각을 갖추어 꾸준히 연구 개발하는 자세를 갖는 것이 중요하다. 조리업무란 식재료의 구매, 상품의 생산, 판매 서비스에 이르는 전 공정에서 발생하는 제반 업무를 말하며 부차적으로 인력, 주방관리에 관계되는 업무도 이에 포함된다. 그 궁극적 목적은 합리적 조리업무를 통한 상품가치의 극대화와 이를 통한 고객욕구의 충족에 있다 하겠다.

(1) 조리 업무의 기본 단계

첫째, 조리 업무의 의사결정 단계로써 전년도 매출기록, 예약상황, 당일예약상황 등 기초자료를 이용, 예상 이용 고객수를 예측함과 아울러 소요 식자재의 구매의뢰, 신메뉴의 작성, 개발 등이 있다. 이의 효과적 수행을 위하여 시장 경제에 늘 관심을 가져야 하며 동계 답사, 정기적 시장조사 등을 통하여 항상 변화에 민감하게 대처하도록 해야 한다. 또한 비수기에 대비하여 식자재의 구매저장과 적정 재고량 유지를 위한 정기 재고조사 및 구매물품에 대한 철저한 검수 등이 있다.

둘째, 요리 상품의 생산 단계로써 표준량목표에 의한 상품 생산과 기타 생산에 필요한 여러 조리공정을 말하며, 고객의 욕구에 합당한 조리생산이 올바르게 진행되는지 품질관리에 신경을 써야 한다. 즉 부적격 요리 상품을 사전에 방지하기 위한 예방적 측면의 조리공정관리를 철저히 하여야 하고 이를 통하여 낭비를 줄일 수 있다.

셋째, 요리 상품의 판매와 사후관리로써 상품을 통한 고객의 욕구를 극대화하여야 하며, 이를 위해서 접객원으로 하여금 요리가 신속, 정확하게 전달되도록 한다. 또한 고객의 요리에 대한 반응을 수시로 점검하고 손님의 특성을 정확히 파악하여 신 메뉴 개발의 기초자료로 사용하며, 이를 위한 고객 카드나 매출 품목 기록을 철저히 하여 비인기 상품에 대한 대체 품목 개발 등 고객 관리에 최선을 다해야 한다.

앞으로 조리 업무는 인건비의 상승에 따른 경영의 합리화를 위하여 주방시설이 현대화가 이루어질 것이며, 재고관리, 인력관리, 메뉴관리의 합리화를 위한 컴퓨터의 사용, 식품 가공학의 발달로 인한 다양한 가공품의 사용으로 조리 공정이 좀 더 단순화되는 등 많은 변화가 기대된다. 이 같은 변화에 슬기롭게 대처하기 위해서는 자기 변신의 활성화가 더욱 절실하다 하겠다.

(2) 조리인의 기본자세

1) 예술가로서의 자세

조리는 우리 인간의 기본적 욕구를 충족시켜 주는 창작과 예술행위인 것이다. 그러므로 조리인은 예술가라는 마음가짐을 갖고 요리 하나하나에 예술적 감각을 더하여 혼을 심는 작품을 만들도록 해야 하며, 이론과 실기기술을 연마하고 미적 감각의 배양을 위해 최선을 다하는 노력이 필요하다고 하겠다.

2) 절약하는 자세

회사가 나의 발전의 터전이란 마음으로 기물과 기기를 잘 관리해야 하며, 식재료 에너지 사용에 있어서 절약하는 자세를 가져야 한다. 나아가 회사의 발전이 나의 발전임을 인식하여 맡은 바 직무에 최선을 다한다. 또한 자신이 취급하는 설비와 기물, 기기, 식재료 등을 자신의 것으로 생각하는 주인 의식을 가지고 잘 관리하도록 하는 마음을 가지는 것이 중요하다.

3) 협동하는 자세

조리를 하는 것은 주방에서 행하여지는 공동 작업으로 협동이 잘되지 않으면 질 좋은 요리를 만드는데 한계가 있다. 동료, 상, 하 간에 서로를 존중하고 협동하는 마음으로 작업에 임해야 하며, 질서와 체계가 잘 이루어진 운영의 틀 속에서 서로가 우애 있는 작업분위기 연출을 위하여 솔선수범하는 자세가 필요하다.

4) 위생관념

위생은 조리사의 생명임을 명심하여 작업환경을 항상 청결을 유지시킬 수 있도록 하여야 한다. 식자재 선별에서부터 요리가 완성되어 고객에게 제공될 때까지 위생관리에 최선을 다해야 한다. 조리를 할 때는 자신과 가족이 먹는 음식이라고 생각하고 철저한 위생개념을 가져야 하며, 위생상태는 고객의 건강과 직결되므로 항상 개인위생, 주방위생, 식품위생에 주의하여야 한다.

(3) 주방과 식당의 관계

주방과 식당의 관계는 업무상 매우 긴밀한 상호협조를 요하는 사이로 둘의 관계가 완벽한 조화를 이룰 때 고객의 욕구를 만족시킬 수 있다. 이처럼 중요한 관계임에도 불구하고 전통적으로 원만한 관계를 이루지 못하는 것이 현실이다. 아무리 주방에서 훌륭한 요리를 만든다 해도 접객원이 양질의 서비스를 고객에게 제공하지 못한다면 무슨 성과가 있겠는가? 여기에 주방과 식당 관계의 중요성이 있다.

1) 총체적 서비스의 제공(Total Service)

고객의 욕구를 만족시키기 위하여 식당은 주방직원과 홀직원의 구별 없이 최선을 다하여 총체적인 서비스를 하여야 한다. 즉 고객이 입장해 식당에 들어와서 식사를 끝내고 나갈 때까지 불편함이 없도록 하여야 한다.

2) 의사교환(Communication)

식당과 주방은 정기적 모임을 통해서 고객의 불편함이 없도록 하기 위하여 고객의 반응, 서비스상의 문제점, 신 메뉴에 대한 설명 등 업무 협조를 논의함으로 좀 더 긴밀한 관계를 유지할 수 있다.

3) 공동체 의식(Oneness)

주방과 식당은 서로 수행하는 업무는 다르지만 고객에게 최대의 만족을 주어야 영업 이익 및 회사가 존속할 수 있기 때문에 하나 된 공통목적을 위하여 일함에서 공동체 의식이 필요하다.

(4) 주방위생

1) 주방위생의 중요성

음식물의 품질과 안전성은 주방에서 지켜야 할 가장 중요하고도 기본적인 사항이다. 음식을 조리할 때 음식물의 원 · 식자재를 포함해서 모든 주방집기, 조리도구, 조리시설 및 용기 등을 위생적으로 관리하여 음식물의 안전성을 확보하는 것이다. 세계보건기구나 학술적인 문헌을 참고로 보자면 식품위생이란 식품 자체뿐만 아니라 식품의 생산, 제조, 가공, 유통, 소비 후 마지막으로 사람이 먹을 때까지의 모든 단계에서 식품의 안전성, 건전성 및 완전 무결성을 확보하기 위한 모든 수단을 뜻한다고 말하고 있다.

주방위생을 철저히 관리해야 하는 목적은 주방위생 관리가 모든 음식물이 위생적인 상태에서 위생적인 조리도구를 사용하여 위생적으로 조리된 음식은 식중독으로부터 안전한 음식은 고객들에게 맛을 일정하게 유지하여 매출에도 많은 도움이 되기 때문이다. 비위생적으로 조리된 음식물을 섭취한 고객이 식중독에 걸리기라도 한다면 병원비는 물론 사후 처리에 많은 비용이 들 뿐만 아니라 영업정지라는 최악의 경우도 발생할 수 있으니 무엇보다 주방위생을 철저히 관리해야 한다. 위생문제는 법으로 규정해 놓은 사항이기 때문에 할 수 없이 지켜야 하는 것이 아니고, 사람의 건강과 직결되는 문제이기 때문에 더욱 중요하다. 주방위생 관리와 조리과정도 중요하지만 쓰레기 및 음식물 찌꺼기 관리도 음식점에서는 중요한 문제이기에 다음 사항을 습관화하도록 한다.

① 개인위생 관리

식품관련업에 종사하는 종사자는 반드시 위생교육을 받아야 하며 개인관리도 철저히 지켜야 한다. 식품취급자의 건강문제는 식품안전 뿐만 아니라 종사자 자신의 건강 관리상에도 중요한 의미가 있으므로 각종 위생 면에서 충분한 검토가 필요하다.

개인적인 위생은 곧 고객들의 건강 및 안전과 직접적으로 직결되는 중요한 사항이기 때문에 철저한 자기 관리를 통해 사전에 예방을 하는데 주력해야 한다. 따라서 건강진단 미필자, 병원성 보균자, 화농성 질환자, 설사환자, 피부병환자 등은 조리 및 식품제조에 관여해서는 안 된다. 이들로부터 요리에 각종 세균, 기타 인체에 유해한 물질이 함유되어 있어 생명에 지장을 초래하는 일이 생길 것이기 때문이다. 위생관리를 철저히 해야 건강한 정신과 육체를 유지할 수 있다.

주방에서 위생에 대한 인식을 높여서 철저하게 개인위생, 식품위생, 주방시설위생을 관리해야 한다. 식당 운영상 가장 중요한 관심은 청결하고 위생적인 환경 속에서 영양가 있고 안심하고 즐길 수 있는 진미의 식사를 제공하는 데 있다고 볼 수 있다. 이러한 목적을 위해 조리사는 개개인이 책임의식을 가지고 근무에 임해야 하며, 질병, 오염 원인을 제거하고 고객보호를 위해 철저한 위생안전에 최선을 다해야 한다. 음식을 다루는 사람은 항상 건강과 청결한 상태를 유지하여야 하며, 자신으로부터 각종의 병원균으로 인한 오염 내지는 전염을 근본적으로 차단하여 위생상에 전혀 이상이 없는 음식을 생산하여야 한다.

② 조리사의 위생 준수 사항

* 감기, 인후염, 피부병 및 전염성 질환의 감염 시는 업무에 임하지 않는다.
* 손에 상처가 있을 시는 즉시 치료하고 직접적인 조리업무에는 임하지 않는다.
* 손은 항상 깨끗이 유지한다. 손톱은 짧게 깎고 반지는 끼지 않는다.
* 신체를 청결히 유지하고 위생복은 항상 깨끗한 것을 입는다.
* 조리사는 위생복을 착용한 상태에서 의자 외에 바닥에 앉지 않는다.
* 음식물 앞에서는 기침이나 재채기를 하지 않는다.
* 음식물은 작은 공기에 덜어서 맛을 보며 국자나 기타 조리용기 사용은 금한다.
* 위생복을 착용한 상태로는 화장실 출입을 금해야 한다(최소한 앞치마, 모자는 벗어놓고 작업화는 갈아 신어야 한다).
* 칼자루는 항상 깨끗이 씻어야 하며 칼을 잡고 일하던 손은 깨끗이 씻은 후 음식물을 만진다.

* 소독된 일회용 손수건을 청결히 휴대하여야 하며 개인용 손수건 사용은 금한다.
* 조리사는 항상 건강을 제일로 생각하고 자신의 건강에 관심을 가지며 과로, 수면부족 등을 피한다.
* 조리사는 정기적인 신체검사 및 예방접종을 받는다.
* 항상 손을 씻는 습관을 기른다. 용변 후는 물론 식전, 식후 외출에서 돌아왔을 때 돈, 전화기를 만지거나 문을 열고 닫은 후 등 기회 있을 때마다 손을 씻는다.

2) 식품위생

* 변질위험이 있는 모든 음식의 온도를 기록한다.
* 모든 식재료는 받은 날짜를 기록하고, 사용날짜를 기록한다.
* 식품의 반입, 저장, 조리과정에서 유독 또는 유해물질의 혼입을 방지한다.
* 세균성 식중독균 및 경구전염병의 원인균이 식품에 오염되지 않도록 해야 한다.
* 오염된 것은 절대로 사용해서는 안 된다.
* 조리된 음식과 날고기는 따로 보관한다.
* 식품을 부패시키는 미생물에 오염되지 않도록 살균 후 저온에서 단기간 저장한다.
* 모든 채소류 및 과일류는 흐르는 물에 깨끗이 씻어서 사용한다.
* 불량, 부정식품의 반입을 막기 위해 식품에 관한 각종 정보를 수집하고 식품판별법을 연구하여 식품의 검수 시 그 지식을 활용한다.

3) 주방위생

주방에서는 식재료의 구매과정에서부터 조리사에 의한 조리, 그리고 최종적으로 고객에게 제공되기까지의 모든 과정에서 안전하고 위생적인 업무활동이 이루어져야 한다. 따라서 조리사는 주방시설, 주방기기, 주방기물, 식재료, 비품 등과 관련하여 위생적인 관리를 하여야 한다. 식품과 접촉하는 모든 기구와 기계 등은 위생적으로 안전하게 관리하여야 하며 조리업무의 모든 작업이 이루어지는 주방은 위생적인 환경이 되도록 관리하여야 한다.

* 주방은 1일 1회 이상 청소하여야 하고, 천장, 바닥, 벽면도 주기적으로 청소한다.
* 벽, 바닥 천장이 표면은 효과적으로 청소할 수 있도록 단단하고 매끄러워야 하며 벽이나 바닥의 타일 등이 파손되었을 경우 즉시 보수한다.
* 주방 내의 온도는 16~20도, 습도는 70%가 적합하며 항상 통풍이 잘되도록 환기시설을 가동시켜야 한다.
* 주방 내의 조명도는 50~100LUX가 가장 좋으며 가능한 한 자연에 의한 채광효과를 얻을 수 있도록 하는 것이 좋다.
* 식재료 반입시 들여온 빈 상자는 주방 내에 적재해 두지 않음으로써 해충의 번식을 막는다.
* 주방은 정기적인 방제소독을 실시하여야 한다.
* 각종 해충 및 쥐를 구제할 수 있는 근본적인 시설과 관리대책이 수립되어야 한다.
* 주방 관계자외 외부인의 출입은 금지해야 한다.
* 주방에서는 잡담을 금하며 담배를 피우거나 침을 뱉지 않는다.
* 폐유는 하수구를 통해 버리지 않는다.

4) 냉장고, 냉동고

* 내부는 항상 깨끗하게 사용하며 온도관찰에 유의한다.
* 냉장, 냉동고의 보관 식재료는 육류, 생선류, 채소류, 과일류, 소스류, 완제품, 반제품 등으로 철저히 분류하여 저장하고 소스류 등의 음식은 반드시 뚜껑을 덮어 보관한다.
* 선반과 구석진 곳은 특별히 청결하게 하며, 냉장고 청소 후에는 내부를 완전히 말린 후에 사용한다.

5) 기기류

* 사용 후 즉시 물과 세제를 이용하여 깨끗이 닦는다.
* 기기 내의 칼날을 비롯한 부속품은 물기를 제거하여 곰팡이나 병원균이 서식할 수 없도록 한다.

* 기계 내부 부속품에는 물이 들어가지 않도록 한다.
* 튀김기(deep fat frier)는 기름을 매일 뽑아내 거르고 용기는 세제로 세척하여 찌꺼기가 남아 있는 일이 없도록 한다.
* 그릴(griller)은 조리 후나 세척 후 물기가 남지 않도록 한다.

6) 기물류

* 각종 기물이나 소도구는 파손이나 분실되지 않도록 사용 후에는 반드시 세척 후 제자리에 놓는다.
* 주방냄비는 사용 상태에 따라 정기적으로 대청소를 한다.
* 브로일러(broiler)와 쇠꼬챙이는 사용 후 세척하고 탄소화되어 눌어붙은 부분은 쇠솔로 깨끗이 닦아낸다.
* 프라이 팬(fry pan)은 사용 후 다음 사용자를 위하여 깨끗이 세척하여 열처리를 마친 후 제자리에 보관한다.(이때 세제는 사용하지 않는다.)
* 칼은 사용 후 깨끗이 닦아 물기를 없애 녹이 슬지 않도록 보관한다.
* 도마는 사용 후 깨끗이 닦아 물기를 제거하여 세워서 보관한다.(나무도마의 경우는 일광욕을 시킨다.)
* 모든 기구나 기물은 주방바닥에 내려놓은 채로 보관하지 않는다.
* 기물 세척시 재질이 서로 다른 기물은 분리하여 세척한다.

3. 식자재 관리

(1) 식재료의 위생 관리

1) 채소류

채소류는 쉽게 상하고, 칼이 닿는 경우 더 쉽게 상하며, 너무 차게 하면 저온장애로 인하여 변질되기 쉬우므로 관리를 철저히 해야 한다.

선입선출(먼저 들어온 물건을 먼저 사용)이 기본이며 사용하고 남은 경우 랩이나 위생 팩으로 포장하거나 신문지를 사용하여 신선도를 유지하도록 한다.

2) 냉동 식품류(냉동 육류, 냉동 해물류)

냉동 보관이 원칙이고 녹인 것은 다시 얼리지 않도록 하며, 냉동 시 건조되는 것을 예방할 수 있도록 랩이나 신문지로 포장하여 냉동하여야 한다. 또한 냉동식품도 유통기한을 확인하여 잘 지키도록 한다.

3) 냉장 식품류

냉장식품은 유통기간 짧으므로 식품의 변화에 주의하고 온도의 변화가 심하지 않도록 일정온도를 유지하도록 한다. 개봉한 제품은 당일 소비하는 것이 좋으며 보관을 해야 할 경우 랩이나 위생 팩으로 포장, 보관한다.

4) 과일류

과일류는 한통에 많은 양을 보관하면 밑에 있는 과일은 짓눌려서 상하기 쉬우므로 따로 보관하는 것이 좋다. 또한 과일마다 보관온도가 상이하므로 과일의 특성에 맞게 따로 보관하는 것이 좋다. 한 바구니의 과일 중 하나가 변하면 옆에 있는 과일도 연이어서 변하게 되므로 바로 골라내어 버리는 것이 현명한 방법이다. 바나나는 상온에 보관하고 수박이나 메론 등은 랩을 사용하여 표면이 마르지 않도록 하며 딸기 등은 쉽게 뭉그러지고 상하기 쉬우므로 눌리지 않게 보관한다.

5) 양념류

양념류는 보관날짜와 이름을 표기하여 플라스틱 용기에 보관, 사용하고 습기로 인해 딱딱하게 굳거나 이물질이 섞이지 않도록 뚜껑을 잘 덮어서 보관하도록 한다. 물이 묻은 용기의 사용은 가급적 피하도록 한다.

6) 소스류

만든 날짜와 적정 재고량을 파악하여 보유하고 유통기한을 수시로 체크하도록 한다. 사용하기에 편리하도록 물기를 제거한 플라스틱 용기에 적정량의 소스를 담는 것이 좋다.

7) 캔류

개봉한 캔은 바로 사용하는 것이 원칙이며 사용 시 남은 것은 반드시 다른 용기에 옮겨서 보관하여야 한다. 또한 밀폐용기 보관 시 유통기한을 표시하도록 한다.

4. 맛과 조리의 과학

(1) 익힌 음식의 장점

지구 위의 생명체 중 식품을 조리하여 음식물로 만들어 섭취하는 유일한 존재가 인간이다. 숙식은 소화흡수를 도울 뿐만 아니라 미생물을 사멸하여 위생상으로도 안전하여 인간의 건강 유지에 도움을 준다. 또한 음식을 가열하여 조리하는 것은 먹을 수 있는 음식의 종류를 다양하게 만들면서, 소화 흡수율을 높일 수 있다. 가열로 식품의 영양소가 일부 파괴되는 것은 사실이지만 그것은 가열이 가져다주는 효과의 극히 일부에 지나지 않는다.

가령 일부 영양소와 함께 단백질 성분의 독소가 제거되기도 한다. 예를 들면 날감자를 그냥 먹으면 위에서 날감자 녹말을 소화시키지 못하는데, 가열을 하게 되면 녹말이 변성을 일으켜 소화가 가능하다. 인간이 오랜 세월 동안 번거로운 가열조리과정을 이어온 이유는 그것이 음식물의 소화와 흡수에 유리하기 때문이며, 영양소의 체내 이용률을 높여주기 때문이다. 이런 식으로 호화된 녹말입자는 소화효소의 침투가 용이해지며 결과적으로 소화율이 높아지게 된다. 가열조리는 단백질에도 영향을 미친다. 단백질은 트립신이라는 단백질 분해효소의 작용에 의하여 소화된다. 그런데 콩에는 트립신의 활동을 방해하는 특정한 단백질이 들어 있어 콩을 날로 먹으면 소화가 잘되지 않는다. 하지만 콩을 가열할 경우 이 단백질 성분이 변성된다. 결국 트립신이 활성화되어 소화효소의 침입이 용이해지는 것이다.

(2) 양념과 맛의 관계

1) '맛있다'는 개념

우리는 '양념'이란 말을 자주 사용하고 있는데 이는 한자로는 '약념(藥念)'이라고 표기하는데, 여기에는 먹어서 몸에 약처럼 이롭기를 바라는 마음으로 여러 가지를 고루 넣어 만든다는 뜻이 담겨 있다고 한다.

우리나라에서는 양념이나 향신료, 조미료 같은 말들이 혼동되어 쓰이고 있다. 양념이 전체 집합이라면 조미료와 향신료는 그 안에 속해 있는 부분집합과 같다. 그러니까 양념이 조미료와 향신료를 모두 포함하는 말로 음식의 맛을 돋우기 위해 첨가하는 부재료들을 통틀어 양념이라고 부른다. 그 중 짠맛, 단맛, 신맛을 내는 소금, 설탕, 식초 등을 조미료라고 하며 매운맛을 내거나 좋은 향기를 지니고 있는 것을 향신료라고 한다.

우리는 맛있는 음식을 만들기 위해서 양념을 어떻게 사용하느냐에 따라 우리가 즐기는 음식의 맛에 영향을 미칠 뿐만 아니라 느끼는 감각에도 영향을 미치게 된다. '맛있다' 는 느낌을 구성하는 요인은 크게 세 가지로 나눌 수 있다. 우선, '음식의 특성' 이다. 음식이 가진 맛이나 향기, 색, 윤기, 담아낸 모양과 같은 시각적인 요소와 식욕을 자극하는 냄새, 음식의 온도, 감촉 등이 여기에 속한다. 두 번째는 '사람의 특성' , 즉 몸 상태와 같은 생리적 특성, 심리적 특성, 개인적 체험 등이다. 세 번째로 '환경요인' 을 들 수 있다. 예를 들면 기후나 지리적인 자연환경, 경제상태나 습관 등의 사회환경, 혹은 식사를 하는 방의 조명이나 식탁의 차림새와 같은 인공적 환경 등이다. 이들 특성을 종합적으로 판단해 주는 느낌이 '맛있다' 는 것이다. 우리가 식사를 할 때 이런 특성들을 고려하면 더욱 '맛있는' 식사에 가까워질 수 있다.

2) 맛과 텍스처의 관계

식품으로써 중요한 요소에는 영양과 기호가 있으며 특별한 풍미나 맛 등을 가지고 있으며, 이밖에 혀에서 느끼는 촉감과 입안에서 씹을 때 느끼는 식품의 견고성, 연성, 탄성 등이 있다. 따라서 입자의 크기 등에 따라 느끼는 감각이 다르다. 이들은 가공 및 조리시 변화되는 물리적 성상이 식품의 기호성과 밀접한 관계를 가지며 이와 같은 조직구조를 일반적으로 텍스처(texture)라고 말한다.

음식의 텍스처는 간단히 말하자면 음식의 부드러움과 질감을 뜻하는 것으로 음식을 입속에 넣었을 때 느낄 수 있는 감촉의 모든 것이라고 생각하면 된다. 이 개념은 향미, 즉 맛과 입안에서 느끼는 향기를 뜻하는 플래이버(flavour)와 함께 식감에 커다란 영향을 미친다고 알려져 있다.

예를 들면 어묵과 볶은 땅콩을 비교해보면 미각적으로 느끼는 차이가 확연히 다를 것이다. 어묵은 부드러운 탄력성과 입안에 느끼는 맛, 땅콩은 딱딱하면서도 코로 느끼는 고소한 향기가 전혀 다른 맛으로 평가된다. 맛은 물론이거니와 물리적인 식감도 실제로 먹을 때에는 상당히 강한 영향을 주는 것이다. 이제부터 간을 볼 때에는 맛이나 향과 함께 소재의 연함, 탄력성 등에도 주의를 기울인다면 또 다른 맛을 찾아낼 수 있을 것이다.

3) 온도에 따른 미각의 감각

음식의 맛은 온도에 민감한데, 각각의 특성에 따라 먹기 좋은 온도가 있다. 맛에 대한 온도의 영향은 일반적으로 일정하지 않지만 온도에 따라 느끼는 감도가 다르므로 음식의 특징을 살려 적정온도에서 서빙하는 것이 좋다.

일반적으로 사람의 미각은 10~40℃에서 가장 민감하며 30℃일 때 가장 예민하다고 하는데, 각각의 맛을 느끼는 정도는 온도에 따라 변한다.

단맛은 사람의 체온과 비슷한 정도인 35℃ 정도에서 가장 달게 느껴지지만, 이 온도보다 높거나 낮아지면 그다지 달게 느껴지지 않는다. 아이스커피나 뜨거운 커피에 설탕을 넣어도 좀처럼 달콤해지지 않는 것은 이 때문이다.

짠맛은 30~40℃일 때 잘 느끼지만 온도가 높을 때에는 그다지 강하게 느껴지지 않지만, 온도가 낮으면 강하게 느껴진다. 식은 요리를 먹었을 때에 짜다고 느끼는 것은 바로 이 때문이다. 신맛은 5~25℃에서 민감하게 느껴지는데 다른 맛에 비하여 온도에 영향을 덜 받는 것으로 온도가 높건 낮건 신맛이 나는 것은 마찬가지이다. 사과나 귤처럼 새콤달콤한 과일은 냉장고에 넣어 차게 해서 먹으면 단맛이 억제되어 시큼하게 느껴진다.

쓴맛은 온도가 높을 때에는 그다지 강하게 느껴지지 않는다. 일반적으로 식은 요리가 맛이 없다고 느끼는 이유는 쓴맛이 강하게 느껴지기 때문이다. 감칠맛은 미지근해야 쉽게 느낄 수 있고, 국물의 온도가 너무 높으면 느끼기 어렵다.

4) 양념순서의 과학

요리의 가장 기본이 되는 요소 중에 하나를 양념이라고 할 수 있는데, 요리를 할 때 그 음식의 맛을 가장 잘 살릴 수 있는 방법 중에 하나가 바로 양념을 넣는 순서이다. 요리를 할 때 주의해야 할 것이 조미료를 언제 첨가하느냐가 중요한데, 각 조미료의 분자 크기에 따라 식품 속에 스며드는 속도의 차이가 다르기 때문에 여러 조미료를 사용할 경우 넣는 순서를 달리하는 것이 좋다. 따라서 먼저 오래 익히지 않는 나물이나 고기에는 소금을 활용하고 다음으로 바로 무쳐서 먹는 나물에 설탕을 넣는 것이고, 마지막으로 향이 없는 음식에 향이 강한 순서로 넣는다. 조미료의 순서란 설탕, 소금, 식초, 간장, 된장의 순서를 말한다. 일단 냄비에 들어가면 모두 마찬가지라고 생각할지도 모르지만 결코 그렇지 않다. 즉 소금과 설탕을 사용할 때 소금의 분자량이 설탕보다 작아서 침투속도가 빠르기 때문에 소금을 먼저 넣으면 조직 중의 수분이 빠져 나와 조직이 작아지므로 설탕이 나중에 침투하기 어렵다.

또한 설탕과 소금이 음식물에 들어가면 설탕은 설탕분자로, 소금은 나트륨이온과 염소이온으로 나뉘는데 소금 알갱이가 더 작아서 설탕에 비해 재료에 잘 배어든다. 게다가 소금에는 재료를 꽉 조여 주는 효과가 있어서 일단 재료에 소금이 첨가된 뒤에는 설탕은 배어들기가 어렵게 된다. 결국 아무리 설탕을 넣어도 좀처럼 단맛이 나지 않는다. 염분이 포함된 간장도 같은 작용을 하기 때문에 역시 설탕보다 나중에 넣어야 한다. 향이 강한 것은 금방 날아가 버리기 때문에 나중에 넣는 것이 좋은데 식초를 보면 뚜껑을 열면 강한 냄새가 나는데 이는 휘발성이 있기 때문이다. 그래서 너무 일찍 넣으면 조리 열 때문에 그 향이 날아가 버린다. 간장과 된장 역시 열을 가하면 감칠맛을 잃기 쉬운 조미료이다. 그러니 식초와 간장, 그리고 된장은 요리의 마지막에 넣는 것이 좋다. 그렇지만 이것이 절대적인 것은 아니다. 가장 중요한 것은 설탕과 소금의 순서이다.

(3) 열과 온도

열과 온도의 차이를 알고 나면 다른 조리방법을 이해하는데 많은 도움이 될 것이다. 즉 열은 뜨거운 물체에서 차가운 물체로 흘러가는 에너지이다. 온도는 열이 어느 방향으로 흐르는

지를 측정하는 척도이다. 온도가 다른 두 물체를 접촉시키면 항상 온도가 높은 곳에서 낮은 쪽으로 결국 두 물체의 온도가 같아지게 되면 열이 이동하지 않는다. 우리가 오븐에서 고기를 굽게 되면 오븐 속의 공기에서 고기로 이동해서 고기의 온도가 오븐의 온도와 같아질 때까지 올라간다. 열이 고기로 이동하는 동안 오븐 속의 온도는 가열장치로부터 열을 공급받아 일정하게 유지한다.

반대로 뜨거운 소스를 냉장고에 넣으면 열이 소스에서 냉장고 속으로 흘러가 소스의 온도는 냉장고 온도 때문에 냉각된다. 온도가 똑같은 두 물체를 일정온도에 맞추어 놓은 오븐에 넣을 때도 열이 오븐에서 두 물체의 온도가 올라가는 속도는 똑같지 않다. 열의 양은 물체의 종류에 따라 다르기 때문이다. 과학자들은 어떤 물질 1kg을 1℃ 올리는데 필요한 열량을 비열(比熱)로 정의한다. 일반적으로 금속은 물보다 비열이 훨씬 높다. 따라서 금속조각이 물보다 더 많은 열을 흡수해야만 같은 온도에 이르게 된다. 그 결과 오븐과 같은 온도에 이르는 데에는 금속이 물보다 시간이 오래 걸린다.

(4) 고기를 맛있게 굽는 법

고기를 조리하는 목적은 적당한 향미와 연하게 만드는 방법에 있다고 하겠다. 고기의 맛은 고기의 질과 양념의 종류, 숙성기간 등에 따라 큰 차이를 보인다고 한다. 그러나 사람들이 별로 중요하게 여기지 않는 또 하나의 요소가 있다. 바로 굽는 방법이다. 고기는 어떻게 굽는 것이 좋을까?

고기의 감칠맛을 증가시키기 위해서 굽는 방법이 매우 중요한데, 맛있게 구워진 고기나 생선의 경우는 겉은 누른빛이 날 정도로 익은 상태이면서도 씹을 때에는 입안에 육즙이 흐른다. 이렇게 구우려면 약한 불에서 오랫동안 구워서는 안 된다. 고기의 큰 단백질 분자를 더 작은 휘발성 분자로 분해하여 향기를 풍기게 한다. 이와 같은 향기는 높은 온도에서 조리할 때 발생하게 된다. 구이요리를 맛있게 하려면 우선 강한 불로 단번에 겉을 구워내야 한다. 이렇게 하면 표면의 단백질이 금세 굳어버려 고기즙이 빠져 나가는 것을 막을 수 있다. 감칠맛을 재료 속에 가둘 수 있게 되는 것이다.

하지만 강한 불을 가까이 대면 겉만 타버릴 뿐 속까지 잘 익지 않는다. 이를 막기 위해 재료를 불에서 멀리해 열이 재료 전체에 돌도록 하는 것이다. 이러한 방법을 실현한 대표적인 구이법이 바로 숯불구이다.

적외선으로 골고루 굽는 숯불구이는 가스 불처럼 불꽃이 나지 않으며 주로 원적외선을 포함한 적외선이라는 열선으로 재료를 굽는다. 불꽃으로 굽는 것에 비해 재료의 속까지 잘 익으면 겉만 타버리는 경우가 적다. 또 연소온도가 높아 불이 강한 상태이므로 고기를 굽는 데는 그야말로 숯불이 최적인 셈이다.

일반 가정에서 숯불을 사용하는 것이 어렵긴 하지만 세라믹판이 붙어 가스 불에 직접 닿지 않고 구울 수 있는 석쇠 등을 사용하면 비슷한 효과를 낼 수 있다.

본격적인 숯불구이에 도전해보고 싶다면 숯불구이용 화로로 고등어를 굽거나 야외에서 바비큐를 즐기는 방법이 있다.

제 3 장 주방조직과 직무

{주방조직과 직무}

>> 제3장

주방조직과 직무

1. 주방조직의 개요

주방조직은 음식상품을 창출하는 중앙 센트로써 주방조직이 추구하는 목표의 유연성(flexibility)과 조정성(modularity), 단순성(simplicity), 종사원의 이동의 효율성(efficiencity), 위생, 관리의 용이성(easily), 공간 활용의 효율성 등이 고려되어야 한다. 요리의 생산, 식자재의 구매, 인력 관리, 메뉴 개발 등 요리 상품과 주방 운영에 관계되는 전반적인 업무를 효율적으로 수행하기 위한 일체의 인적구성을 의미한다. 이러한 조직은 호텔의 규모와 형태, 메뉴의 성격에 따라 약간의 차이가 있으나 기본적인 구성은 유사하다. 그 역할에 따라 Line과 Staff로 나눌 수 있으며, Line이란 수직 지휘계통을 의미하며, Staff란 수평 보좌 역할을 뜻한다.

각 단위주방 안에는 직무 부서에 따른 직무가 직급에 따라 주어진다. 이러한 직무는 자기 고유의 직무 이외 보통 두 가지 이상의 일들을 겸하고 있다고 볼 수 있으며, 영업장의 상황에 따라 매우 가변적이어야 한다. 왜냐하면 주방의 업무는 업장별(bakery, butcher, production) 또는 맡은 바 직무별로 세분화되어 독자적으로 이루어지는 것 같으나 실제로 요리를 완성하기 위해서는 이를 각 조직원들이 상호 간의 연결 및 조화가 무리 없이 이루어져야 한다. 이를 위해서는 각자의 책무를 성실히 수행함과 동시에 조직의 공동목표를 위해서 서로 협력하는 노력이 필요하다.

2. 주방직무 역할

국내호텔주방의 경우 주방조직의 직무별 업무내용을 구분하기 위하여 크게 두 가지로 나누어 볼 수 있다. 하나는 단독 호텔경영체계(local management hotel system)로 운영하고 있는 경우는 [이사-부장-주방장-1st cook-2nd cook-cook-helper] 등으로 구성되어 있다. 외국과 체인호텔인 경우 [executive chef-executive sous chef-sous chef-chef de partie-demi chef de partie-1st cook-2nd cook-3rd cook-cook-helper]로 구성되어 업무내용을 세분화시켜 운영하고 있다.

■ 총주방장(Executive Chef)

조리부의 가장 높은 직책으로 조리부를 대표하며, 직원의 인사관리, 메뉴의 개발, 식자재의 구매 등 조리부의 원활한 운영을 위한 전반적인 업무를 수행하며 이에 대한 책임을 진다. 의사전달자로서 여러 형태의 경영진 회의에 참여하며, 주방장회의를 주재하여 정보전달을 하거나 업무지시를 한다. 각종 조리장비와 기구를 예산에 따라 주문하고 단위주방 간의 업무를 분담시키고 조정하며, 각 주방장들과 협의하여 모든 주방의 기능이 효과적으로 발휘되도록 한다.

■ 부총주방장(Executive Sous Chef)

총주방장 부재 시에 그 역할을 대행하며 요리의 개발 및 정보 수집과 직원 조리 교육 등 주방 운영의 실질적인 책임을 진다. 각 영업장의 메뉴를 계획하고, 각 업장의 주방장들의 근태관리를 하며, 조리사를 배치 및 조정하여 영업장의 업무가 원활히 진행하도록 한다.

■ 주방장(Sous Chef)

단위주방의 책임자로 고객에게 제공되는 음식을 관리하며, 업장의 원가 및 직원들의 직무를 조절하여 근무시간표를 작성한다. 예약상황을 확인하여 식재료를 주문한다. 표준조리법의 정확한 습득으로 양질의 음식이 조리되도록 지시 감독하면서 화재 및 안전교육을 실시하고, 홀 지배인과 대화를 통하여 효과적인 대 고객 서비스가 이루어지도록 협력한다.

■ 조리장(Chef de Partie)

주방장의 부재 시에 직무를 대행하고, 조리기술과 실무적인 면에서 조리사의 작업을 지휘감독하여 단위주방의 중간관리자로서 조정자의 역할을 담당한다. 식재료 청구서를 작성, 수령을 지시한다. 또한 주방장의 업무지침의 수행을 점검하고, 기물담당자와 협의하여 조리에 필요한 기구 · 기물을 조달하고, 음식의 준비과정과 완성된 음식을 최종적으로 점검하여 고객에게 제공해도 되는지 여부를 확인한다.

■부조리장(Demi Chef de Partie)

조리장의 부재 시에 그의 업무를 대행하며, 단위주방 내의 각조 조장으로서 전문 조리기능을 보유하고, 주방장이 작성한 메뉴에 따라 조리사들과 함께 조리업무를 담당한다. 해당조리사에게 조리에 필요한 준비사항을 지시하고 조리의 최종 마무리를 한다.

■일급 조리사(1st Cook)

부조리장을 보좌하며 그의 지시를 받아 조리를 준비하면서 조리를 직접 행한다. 담당하는 냉장고와 냉동고를 관리하면서, 실무위주의 조리업무를 하급조리사와 함께 행한다.

■이급 조리사(2nd Cook)

일급 조리사의 직무를 보좌하며 제반 식재료 및 음식의 반출과 반입을 확인한다. 또한 육류 · 생선 · 채소 등을 일차적으로 손질하여 조리할 수 있도록 부문별로 준비한다. 상급자의 지시를 받아 조리 실무를 보좌한다.

■삼급 조리사(3rd Cook)

상급자의 지시를 받아 식재료를 손질하여 조리가 가능하도록 준비하거나 직접 조리를 한다. 주방의 청결을 유지하고 기구와 장비의 청결하고 사용하기에 양호한 상태를 유지한다.

■견습생(Apprentice)

주방업무에 관한 기본적인 사항을 신속히 습득하려는 노력이 필요하며, 채소 등 식재료의 기초적인 취급에 대하여 정확히 배워 기본기를 익힌다. 특히 칼의 사용법 및 보관, 방화, 안전 및 위행에 대한 교육을 철저히 받아야 한다.

■Chief Steward : 각종 주방용기 및 식기류의 구매 의뢰 및 관리와 기물 관리과의 인력관리와 교육을 담당한다.

■Assistant Chief Steward : Chief Steward 부재 시 그 역할을 대행하며, 각종 연회행사시 기물 공급 및 설치를 담당한다.

■Steward : 일선 영업장의 쓰레기 수거 및 처리와 조리 기물의 세척을 담당한다.

■Stewardess : 일선 영업장에 배속되어 각종 식기류의 세척과 Dish washer의 관리를 담당한다.

3. 단위주방의 직무

(1) 주방관리의 세분화

주방관리의 기능 중에서 가장 중요한 기능이 바로 주방에 삽입되어지는 식용 가능한 식재료들을 물리적, 화학적, 기능적으로 조리하여 고객에게 판매할 수 있도록 제공되어지는 과정의 관리이다.

* 주방관리의 효율성과 합리적인 정도를 유지하기 위한 관리기능은 다음과 같다.
* 고객이 기대하는 시간 내에 서비스를 제공할 수 있도록 주방시설 및 장비를 점검하는 기능이다.
* 식재료의 불필요한 낭비를 막기 위해 정확한 수요예측이 요구되는 기능이다.
* 주방에서 종사하는 조리사들은 식재료를 직접 접하기 때문에 주방위생, 시설위생, 개인위생관념을 철저히 하도록 반복적인 교육프로그램의 개발과 활용기능을 가져야 한다.
* 주방의 업장별 크기와 용도에 따른 적재적소 배치의 기능을 가져야 한다.
* 고객에게 제공되는 요리를 특성별로 구체화하여 생산할 수 있도록 지원주방과 영업주방의 관리 기능을 최대로 활용하여야 한다.

(2) 기능에 따른 주방분류

* 주방의 역할은 구체적으로 일정한 공간에서 음식을 만들어 판매할 수 있도록 생산적인 기능과 서비스적 기능을 유지하고 있다.
* 생산적 기능의 내용은 각 업장별 영업의 형태에 따라 생산되는 메뉴의 종류가 다르기 때문에 기능별로 주방동선과 시설이 알맞아야 된다.
* 서비스적 기능은 생산된 메뉴에 따라 업장의 유형이 다르기 때문에 준비주방과 영업주방으로 나누어 분류하는 것이 적합하다.

(3) 중심지원 주방

1) 온 요리 주방(hot kitchen)

* 중심지원 주방은 호텔의 핵심주방으로써 보통 메인 주방이라고 칭한다. 더운 주방에서는 모든 음식에 열을 가하여 만드는 장소이며, 각 영업 주방에서 고객에게 판매할 음식을 준비하여 알맞은 시간에 맞도록 지원하는 기능을 하고 있다.
* 저장창고에서 공급받은 각종 기초재료들로 기초요리를 만들며 또한 스톡(stock), 수프(soup), 소스(sauces), 핫 베지타블(hot vegetables) 등을 준비한다.

2) 냉 요리 주방(cold kitchen)

* 고객에게 제공되는 모든 요리는 조리과정이 더운 요리라도 차갑게 만들어 영업 주방에 지원하는 주방이다.
* 냉 요리는 그릇에 담는 음식의 모양과 색상 및 조화를 중요시하는 요리이기 때문에 냉 요리 주방은 무엇보다 청결해야 되며, 작업대 높이 및 조명시설이 매우 적합하도록 해야 한다.
* 냉 요리 주방은 주로 냉 전채요리(cold appetizer), 차가운 소스(cold sauce), 각종 샐러드(salad), 테린(terrine), 빠테(pate), 갈라틴(galantine) 등을 만들어 각 업장별로 공급하는 주방이다.

3) 어육가공 주방(butcher kitchen)

* 각 영업장에서 필요로 하는 어패류, 육류, 가금류 등을 주문한 방법에 따라 부위별 모양과 크기 및 형태별 크기, 양을 조절하여 제공한다. 또한 소세지, 훈제연어 등을 만들어 업장별 주방에 제공한다.

4) 얼음 조각실(ice room)

* 대규모 조직을 갖춘 주방조직은 얼음조각실이 분리되어 있지만 대부분의 호텔에서는 지원 주방 내에서 함께 이루어지고 있다.

* 주로 얼음조각과 스티로폼 조각으로 연회행사장의 분위기와 음식의 미각을 돋우는 역할을 한다.

(4) 영업주방(business kitchen)

1) 커피숍 주방(coffee shop kitchen)

* 영업주방의 특징은 지원주방에서 만들어진 음식을 제공받아 고객의 주문에 따라 완성하여 제공하는 주방이다.
* 커피숍주방은 대개 커피나 차 또는 주스 등을 음식과 함께 제공하는 경우가 많으며, 주기적으로 음식을 특색 있게 개발하여 제공하고 있으며, 아침(breakfast) 뷔페를 판매하고 있다.

2) 연회 주방(banquet kitchen)

* 연회주방은 지원주방과 영업장별 주방의 지원을 받아 연회행사의 내용에 맞게 음식을 제공하는 주방이다.
* 호텔운영에 따라 독립형태의 주방으로 조직이 형성되어 있는 호텔이 있거나 독립된 연회 주방이 없이 고객의 주문에 따라 지원주방과 함께 사용하기도 한다.

3) 각 업장별 주방(section kitchen)

* 각 업장별 영업은 특정국가의 문화와 향토색이 짙은 음식을 만들어 내국인은 물론 외국인 고객들에게 제공하도록 준비하는 주방이기 때문에 지원주방의 지원을 덜 받는 편이다.
* 업장별 주방은 한국식당, 일식주방, 중식주방, 프랑스식 주방, 이탈리아식 주방, 라운지 칵테일 바 등이 있다.

제 4 장 주방 관리

{주방 관리}

›› 제4장
주방 관리

1. 주방 관리의 개요

시설의 고급화 및 조기 노후화, 노동집약성 등 현대 호텔 산업의 제 특징으로 인한 경영 압박이 점차 증가하고 있는 것이 현실이며, 특히 주방에서 사용하는 식자재 및 기기 에너지의 사용은 전체 호텔 경비에서 상당한 비율을 점유하고 있다. 따라서 주방 관리에 있어서 좀 더 과학적 운영 방법이 필요하다 하겠으며 이를 위해 식당의 형태와 규모에 따른 주방 규모의 설정과 이에 필요한 적정 인원의 산출과 기기의 배치 직무 분장에 따른 효율적 인력 활용, 식재료의 적정 구매와 관리기기 및 에너지의 효율적 이용과 관리 등이 절실히 요구되고 있다. 주방 관리라 함은 이들 제 요소의 합리적 관리를 의미한다.

2. 주방의 기본 구성

주방의 기본 형태는 식재료의 반입, 저장, 조리, 서비스 등 작업 동선의 흐름을 효과적으로 처리하는데 중점을 두고 있으며, 주방의 특성에 따라 약간의 차이는 있으나 비교적 다음과 같은 모델이 보편적이다.

구 매 (Receiving)	→	저 장 (Storage)	→	조리 및 서비스대 (Preparation Service Counter)	→	식 당 (Dining Area)

3. 인력 관리

인건비의 지속적 상승은 노동집약적 특성을 갖는 호텔 산업에 있어서 매우 중요한 문제이며 더욱 심화되어지리라 생각한다. 참고로 미국 호텔 산업의 인건비(labour cost)가 25%임에 비해 우리나라는 41%이다. 인력 관리는 인력의 적재적소 원칙의 인사관리 측면과 근무 인원의 효과적 활용, 나아가 적정 근무 인원의 산출 등이 있다. 여기서 인력의 적재적소 원칙은 업무의 수행 능력, 재능 기타 본인의 희망 등 각 개인의 신상을 충분히 파악하여 가능한 본인의 의사를 최대로 고려 배치함을 원칙으로 한다. 근무 인원의 효과적 활용을 위해서는 우선 직급별 직무 분장표를 작성하여야 하며 다음 개인별 1일 작업 계획서 등을 작성하고 여기에 준하여 효율적으로 인력을 운영하며 영업장의 예약 상황 등을 고려하여 불필요한 인력에 대하여는 교체 시스템(relief system) 등을 이용, 타업장 지원 등을 통한 인력 활용의 극대화를 이룰 수 있도록 해야 한다.

4. 식재료 및 에너지 관리

요리 상품을 생산하기 위해서는 고기, 채소, 곡물 등의 식자재와 이를 조리하기 위해 물, 전기, 가스와 같은 기초 에너지가 필요하다. 이의 효과적 사용과 관리를 위해서는 정확한 식재료의 구입 및 취급 방법과 에너지 사용의 충분한 이해가 필요하다 하겠다.

(1) 식재료의 구매 관리와 조리

구매란 적절한 시기, 경제적 가격, 적정량과 품질로 필요한 상품을 구매함을 말하며 이를 위하여 항상 적정 재고 상태를 유지하기 위한 점검과 물가동향 계절적으로 생산되는 품목의 구매 저장 등을 고려해야 하며 매일 재고 상태를 점검하여 지나친 재고 물량의 발생에 유의해야 한다. 또한 구매 물품에 대하여는 물품인도, 품질관리를 철저히 하여 보관 물품에 대한 손실을 극소화하며 선입 선출에 의한 출고를 원칙으로 한다.

(2) 에너지 관리

요리 상품을 생산하기 위해서는 수도, 전기, 가스와 같은 기초에너지가 필요하다. 이를 효과적으로 이용 관리하기 위해서는 다음과 같은 사항을 준수해야 한다.

1) 절수

- 고장 난 수도꼭지는 즉시 보수하여 수돗물의 누수를 방지한다.
- 사용한 조리 기구는 가급적 모았다가 한 번에 세척한다.
- 채소나 과일은 1차로 싱크(sink)에 받아서 담수에서 씻은 다음 흐르는 물에 헹구어 낸다.
- 주방 바닥 청결시 필요 이상의 물을 낭비하지 않는다.

2) 절전

- 주방용 전기 제품은 사용시간 이외에는 가급적 코드를 뽑아 놓는다.
- 영업시간 이외에는 불필요한 전등은 가급적 소등한다.
- Back Side의 전등은 사용시만 점등한다.
- 모든 기기는 용량에 맞는 전압을 사용한다.

3) 가스 절약

- 영업시간 외의 오븐은 점화봉만 남겨두고 불을 끈다.
- 조리 시 불의 세기를 너무 과도하게 사용하지 않는다.
- 조리의 규격에 맞는 용기를 사용한다.
- 정확한 조리 방법을 터득하여 조리과정에 따라 불의 강약을 조절한다.
- 가스 사용시 절대 자리 이탈을 하지 않는다.

5. 기물 및 기기의 종류와 관리

(1) 기물 및 기기의 관리

과학 문명의 발달로 인하여 부분적으로나마 조리공정이 기계화되어가고 있으며 이 기계화를 통하여 제품의 균일화와 노동력을 절감할 수 있는 장점이 있다. 반면 잘못하면 신체적으로 치명적 손상을 입거나 값비싼 기계의 수명을 단축시킨다. 이의 적절한 관리를 위해서는 다음과 같은 사항을 숙지하여야 할 것이다. 모든 조리 기기는 사용 전 충분히 방법과 용도를 숙지한 다음 전문가의 지시에 따라 정확히 사용한다.

* 사용용도 이외의 다른 목적으로 사용하지 않는다.
* 기기에 무리가 가지 않도록 사용한다.
* 기기에 이상이 있을 경우 즉시 사용을 중지시킨 후 적절한 조치를 취한다.
* 기기의 전압용량과 영업장 전압과 일치하는가를 확인한다.
* 각종 기기는 모터(moter)에 물기가 스며들지 않도록 주의하며 항상 청결하게 유지한다.

(2) 조리장비 및 기물의 종류

1) 조리장비(Equipment)

식품을 조리할 때 사용하는 장비로는 가스와 전기 에너지를 이용하여 굽기, 끓이기, 삶기, 튀기기 등 음식을 조리할 수 있도록 만들어진 장비를 말한다. 최근에는 인덕션 레인지가 개발되어 보다 안전하고 효과적으로 조리할 수 있는 장비가 있지만 대부분 영업장에서 사용하는 장비들은 부주의하게 사용하면 큰 사고가 발생할 수 있으므로 장비의 사용방법을 숙지하여 사고를 미연에 방지하여야 한다. 여기에서는 주방에서 많이 사용하는 중요한 장비 몇 가지만 설명하고자 한다.

① 가스오븐레인지(Gas Range W/Oven)

주방에서 가장 중요한 조리기기로, 연료로는 LNG를 사용한다. 윗부분은 Range가 설치되어 있어 각종 팬(pan)과 냄비(pot)를 이용한 조리를 할 수 있고, 아랫부분에는 오븐이 있는데 이곳에서 굽기(baking) 또는 로스팅(roasting) 요리를 할 수 있다. 가스 사용 중 자리를 이탈해서는 안 된다.

② 그리들(Griddle)

두께 10mm 정도의 철판으로 만들어진 번철로써 사용에 앞서 조리 목적에 맞게 예열(180~220℃)을 실시하여 조리를 하여야 한다. 단백질 식품은 80℃ 이상에서 반응성이 매우 커서로 반응할 뿐 아니라 조리용기의 표면에 금속이온과도 반응하여 음식물이 눌어붙게 된다. 이를 방지하기 위하여 철판을 기름으로 코팅하여야 음식물이 철판에 눌어붙지 않는다. 코팅

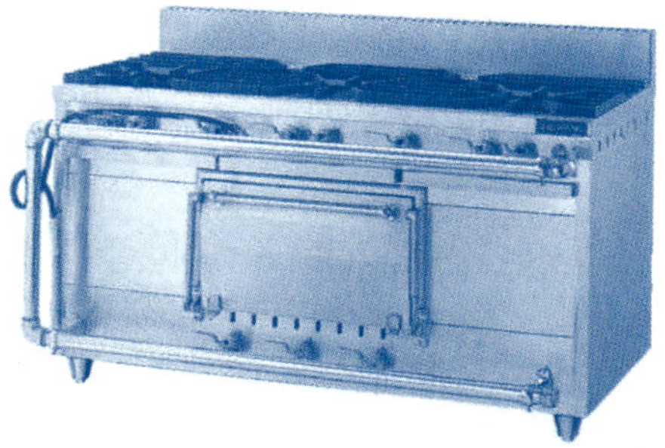

① 가스오븐레인지(Gas Range W/Oven)

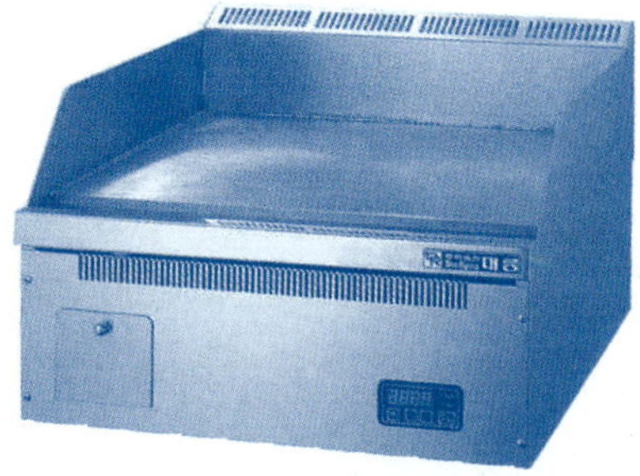

② 그리들(Griddle)

하는 방법은 식용유를 여러 번 발라 주어 철판에 기름막을 형성하게 하는 것이다. 그리들에서는 스테이크, 계란요리, 팬케이크(pan cake), 각종 전요리와 샌드위치 조리 시에 사용한다.

③ 샐러맨더(Salamander)와 브로일러(Broiler)

일반 가열 조리기기와는 달리 불꽃이 위에서 아래로 내려오는 하향식 열기기로 생선 굽기에 사용되거나 음식의 마지막 단계에서 갈색(brown)을 내거나, 각종 그라탕(gratin) 요리에 이용한다. 열원에 따라 전기식과 가스식이 있다.

④ 찹 콜 브로일러(Charcoal Broiler)

석쇠 밑에 용암(lava)을 깔고 위에 숯불을 피워 사용하거나 가스를 사용한다. 이때 용암이

③ 샐러맨더(Salamander)와 브로일러(Broiler)

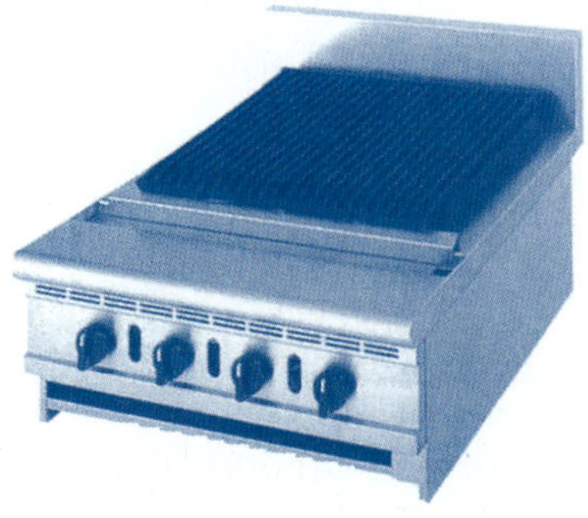

④ 찹 콜 브로일러(Charcoal Broiler)

가열되어 불이 직접 음식에 가해져 조리가 되는 장비인데 주로 스테이크(steak)나 바비큐(barbecue) 조리에 많이 사용한다.

⑤ 대류식 오븐(Convection Oven)

전기를 이용해 뜨거운 열을 발생시켜 이 열기를 내부에 부착되어 있는 팬(fan)으로 뜨거운 공기를 순환시켜서 조리함으로 일반적인 오븐보다 음식 전체에 고르게 열을 전달할 수 있다. 대류식 오븐은 많은 양의 음식을 단시간에 조리할 수 있기 때문에 편리한 조리기기이다. 로스팅(roasting) 조리에 많이 사용하고 있는데, 단시간 내에 내용물을 익힐 수 있지만, 수분 증발로 인하여 딱딱해지는 예가 있다.

⑥ 챠핑 머신(Chopping Machine)

칼날이 수평으로 달려 있고, 밑으로 회전하게 되어 있는 볼(bowl)이 있다. 볼이 회전하고 칼날이 돌아가면서 볼 속의 식품을 잘게 다지는 기기인데 마늘 같은 채소와 고기를 잘게 다지고 분쇄하는 복합 기기이다. 편리한 만큼 회전속도가 빠르기 때문에 위험하므로 안전에 주의하여야 한다. 기기 작동 중 안전사고에 주의를 요한다.

⑤ 대류식 오븐(Convection Oven)

⑥ 챠핑 머신(Chopping Machine)

⑦ 푸드 슬라이스(Food Slicer)

각종 식재료를 얇게 썰 수 있는 기기인데, 채소를 비롯하여 다양한 식재료를 칼을 사용하여 써는 것보다 짧은 시간에 많은 양을 썰 수 있는 장점이 있다. 대부분 찬요리 주방에서 많이 사용하는데, 햄, 빵, 고기, 치즈, 채소 등을 썰 때 이용되며 썰려는 식재료의 두께를 조절할 수 있다. 특히 안전사고에 주의를 요한다.

⑧ 육류 다지기(Meat Chopper)

육류 다지기는 조리에 필요한 모양의 고기를 앞날로 조절할 수 있는 기기이며, 다지는 재료를 한꺼번에 너무 많이 넣으면 기계에 무리를 줄 수 있으므로 조금씩 넣어주면서 사용하여야 한다. 사용 후 칼날 부분을 분해하여 깨끗이 세척하고 물기를 완전히 제거하여 다시 조립하여야 박테리아 같은 미생물의 오염을 막을 수 있다.

⑦ 푸드 슬라이스(Food Slicer)

⑧ 육류 다지기(Meat chopper)

⑨ 밥솥(Rice Cooker)

밥을 많이 필요로 하는 단체 급식소에서 많이 사용되며, 가스를 열원으로 사용하기 때문에 안전에 주의하여야 한다. 특히 점화과정이 위험하므로 항상 주의를 요하는 조리기기이다.

⑩ 튀김기(Deep Fryer)

튀김기는 튀김적정온도를 유지할 수 있는 온도조절기와 타이머가 부착되어 있다. 만약 이 조절기가 고장 난다면 화재가 발생할 수도 있다. 열원으로 가스 또는 전기를 사용하는데, 튀김요리를 할 때는 튀김재료와 양 등에 세심한 주의가 요구되는 조리기기이다.

⑨ 밥솥(Rice Cooker)

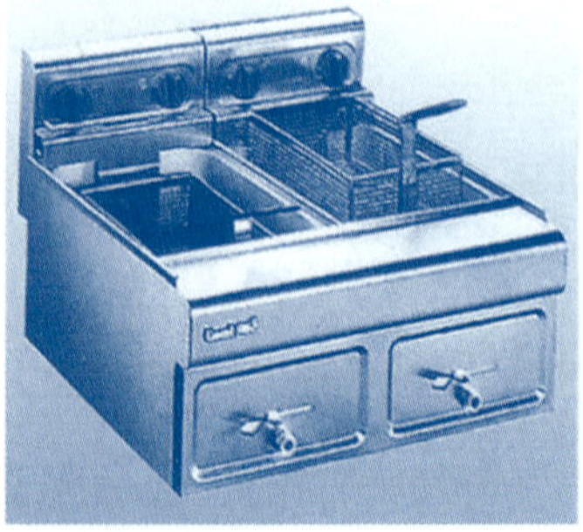

⑩ 튀김기(Deep Fryer)

(3) 기물의 종류

1) 조리용 기물

***칼의 종류 및 용도**

조리사가 가장 소중하게 여기는 도구는 칼이다. 날카로운 칼을 사용하면 고기나 채소를 빠르고 안전하게 썰 수 있다. 칼을 사용할 때 염두에 두어야 할 점은 칼날을 날카롭게 하여야 재료를 쉽게 썰 수 있다는 사실이다. 힘을 많이 줄수록 칼이 미끄러지거나 부상을 입을 위험이 높아진다. 조리사들은 고기와 채소를 써는 방법을 달리하여야 한다.

식물세포는 세포표면이 섬유소라는 단단한 세포벽으로 둘러싸여 있는데 반해 동물세포는 부드러운 세포막으로 둘러싸여 있다. 이 세포가 부서지면 세포 속의 감칠맛 성분이 달아나고 혀에 닿는 감촉도 나빠져서 음식 맛이 현저하게 떨어진다. 따라서 고기나 생선을 자를 때에는 칼을 앞뒤로 왕복시키며 쓱싹쓱싹 썰지 말고 잘 드는 칼로 한번에 썰어야 한다. 그래서 회칼이나 고기를 써는 칼은 길쭉하면서 칼날 전체가 약간 휘어져 있다.

한편 채소나 과일은 어느 정도 눌러도 세포가 부서지지 않으므로 채소용 칼로 앞쪽을 향해 눌러서 똑똑하며 썰어 준다. 채소용 칼날도 썰리지 않는 부분이 생기지 않도록 직선으로 되어 있고 채소의 모양이 부서지지 않도록 전체적으로 얇게 만들어져 있다. 날이 두껍고 폭이 넓은 생선 손질용 칼은 생선이나 닭고기를 자를 때 칼이 뼈에 닿지 않도록 두툼하면서 한쪽에만 날이 있다. 다른 칼을 흠내지 않고 오래도록 사용하기 위해서는 이런 칼도 하나쯤은 가지고 있는 것이 좋다.

* Frenchknife(chef's knife) : 요리에 가장 많이 사용하는 칼로써 다목적용이다. 손잡이와 칼날의 길이를 포함하여 30~40cm 정도의 칼로써 식재료를 자르거나 다지는데 많이 사용되고 있다.

* Utility knife(salad knife) : 다목적용 칼로써 과일이나 채소를 썰 때 많이 이용된다. 후렌치 나이프보다 길이는 작고 두께도 얇다.

* Boning knife : 육류나 가금류의 뼈를 떼어내는데 사용하며, 칼의 길이가 15~20cm 정도이며 면적도 작게 되어 있다.

* Paring knife : 짧고 작은 칼로써 주로 과일이나 채소를 다듬을 때 많이 사용하고 있다.

* Slicer : 길고 좁으며 유연한 칼날을 가지고 있으며, 훈제연어나 조리된 육류의 덩어리를 얇게 써는데 사용한다.

* Oyster knife : 굴이나 조개류의 껍질을 까는 칼로써 칼날은 날카롭지 않으나 두께는 약간 두껍고 단단하다.

The French Knife

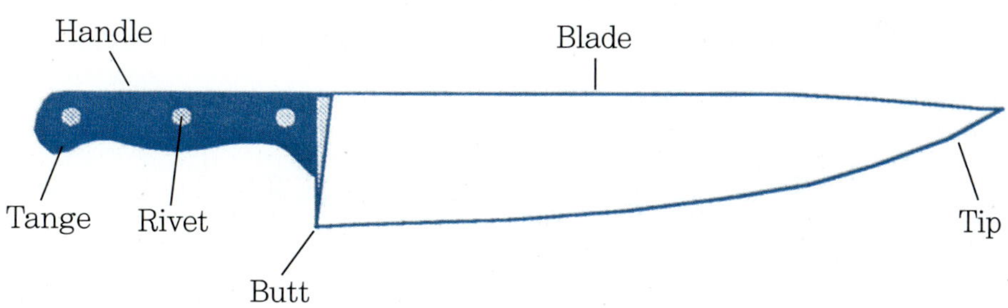

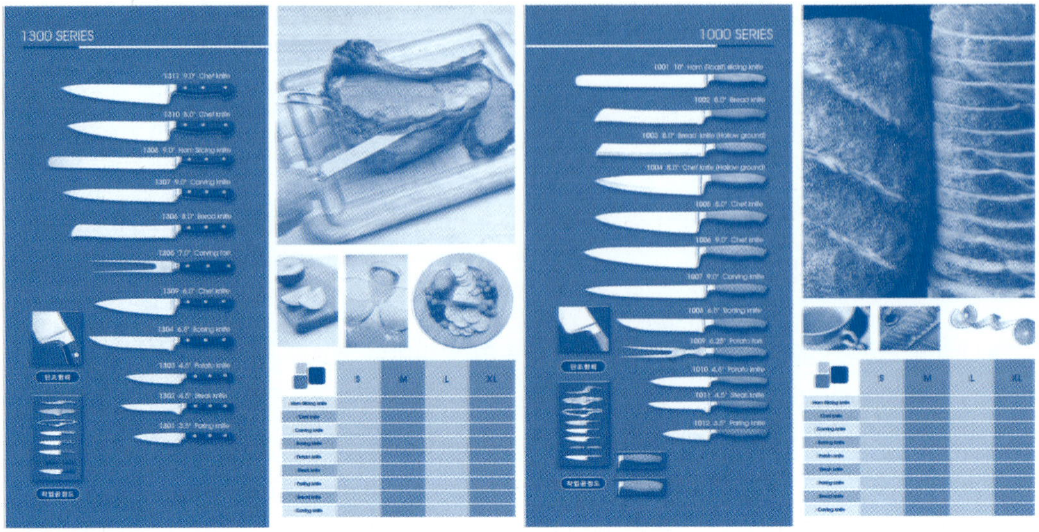

※ 여러 종류의 칼

6. 안 전

(1) 안전의 개요

안전대책의 미비로 산업체에서는 많은 근로자들이 산업재해를 입을 뿐만 아니라, 조리사들도 조리작업 과정 중 각종 안전사고의 원인이 산재하고 있기 때문에 매우 세심한 주위를 기울여야 한다.

따라서 각 개인은 조리 작업 시 각종 기기의 조작방법과 기능을 익히고 안전수칙을 철저히 준수하여 사고의 발생을 미연에 방지하여야 한다. 우선 조리업무 수행과정에는 각종 사고를 유발할 수 있는 발생요인이 있으므로 각 개인은 작업 시 안전수칙을 철저히 지키고 좀 더 주의를 기울인다면 사고의 발생률을 현저하게 줄일 수 있을 것이다.

현대화된 각종 조리장비들은 조리업무의 능률 향상에 많은 도움을 주고 있지만 한편으로는 산업재해의 발생요인이 되고 있다. 이러한 산업재해를 막기 위해서는 각종 기기의 작동방법과 기능을 철저히 익히고 여기에 필요한 개인작업 수칙을 철저히 이행하는 마음가짐을 갖는 것이 필요하다.

또한 조리업무와 화기(오븐, 가스렌지 등)는 불가분의 관계에 있으므로 화기로부터의 안전(화상, 화재) 역시 중요한 과제 중의 하나이다. 가스와 전기는 조리에 편리하게 사용되고 있지만 가스기기나 전기기기를 사용함에 있어서 연료나 기기의 성질을 정확하게 알고 사용해야 하며, 화기를 다룰 때는 자리를 이탈하지 않고 지키는 등 철저한 주의가 필요하다. 이상 위에서 생각해 본 문제점들 외에도 식품을 어떻게 안전하게 보존하고 위생적인 요리를 고객에게 공급하느냐 하는 문제도 주방 안전에 대단히 중요한 범주에 속한다.

(2) 개인 작업 안전 수칙

* 칼을 사용할 때는 정신을 집중하고 안정된 자세로 작업에 임한다.
* 주방에서 칼을 들고 다른 장소로 옮겨갈 때는 칼끝을 정면으로 두지 않으며 지면을 향하게 하고 칼날은 뒤로 가게 한다.
* 주방에서는 아무리 바쁜 상황이라도 뛰어다니지 않는다.
* 칼로 can을 따거나 기타 본 목적 외에 사용하지 않는다.
* 칼을 보이지 않는 곳에 두거나 물이 든 싱크대 등에 담궈 두지 않는다.
* 칼을 떨어뜨렸을 경우 잡으려 하지 않는다. 한걸음 물러서면서 피한다.
* 칼을 사용하지 않을 때는 안전함에 넣어서 보관한다.
* 주방 바닥은 미끄럽지 않은 상태로 유지한다. oil이나 물기를 제거한다.
* 뜨거운 용기를 이동할 때는 마른 행주를 이용한다
* 뜨거운 용기나 soup 등을 옮길 때에는 주위 사람들을 환기시켜서 충돌을 방지한다.
* 뜨거운 soup이나 끓는 물에 재료를 투입할 때는 미끄러지듯이 넣는다.
* 청결하고 몸에 맞는 유니폼과 안전화를 착용한다.

(3) 주방기기 안전

1) 일반적 안전 수칙

* 손에 물이 묻어 있거나 물이 있는 바닥에 서 있을 때는 전기 장비를 만지지 않는다.
* 전기 장비를 다룰 때는 스위치를 끈 다음 만진다.

* 각종 기계는 작동 방법과 안전 수칙을 완전히 숙지한 후에만 사용한다.
* 스위치를 끈 것을 확인하고 기계를 조작하거나 닦는다. 기계가 작동을 완전히 멈출 때까지 기계에서 음식을 만지지 않는다.
* 전기장비와 전기장치를 점검하고 전기 코드를 꽂을 때 기계 자체에 부착된 스위치가 꺼 있는가를 확인한다.
* 작업이 끝나면 전기 코드를 뽑기 전에 장비에 부착된 스위치를 먼저 끈다.
* 슬라이스(slicer)를 청소할 때는 절단하는 칼날에 손이 닿지 않도록 거리를 두고, 기계를 사용하지 않을 때는 칼날을 닫아 놓고 스위치는 항상 꺼져 있어야 한다.
* 평소 냉동실의 문을 안에서도 열 수 있는지 확인하고 작동 상태를 점검한다.
* 호스로 물을 뿌릴 때 전기 플러그, 각종 기계의 스위치에 물이 튀지 않도록 주의한다.

2) 전기 사용 시 주의사항

* 콘센트에 플러그를 완전히 삽입하여 접촉 부분에서 열이 발생되지 않도록 한다.
* 스위치 및 콘센트, 플러그의 고정나사가 장기 사용으로 풀려 흔들릴 경우 위험하므로 사용을 중지한다.
* 한 개의 콘센트에 여러 개의 전기 기구를 사용하지 않는다.
* 스위치, 콘센트, 전기기구의 부근에 가연물 인화물질이 없도록 한다.
* 전기용량을 정격치보다 초과하여 사용하지 않는다.
* 스위치, 콘센트에 충격을 가하지 말고 물을 뿌리지 않는다.
* 물 묻은 손으로 스위치, 콘센트, 전기기구를 다루지 않는다.
* 비닐 코드 선은 사용하지 않는다.
* 전기기구 사용 중에는 자리를 비우지 말고 사용 후에는 플러그를 빼놓는다.
* 커피포트 및 전기히터 등 용량이 많은 전열기는 사용하지 않는다.

3) GAS 사용 시 주의사항

* 도시가스는 냄새가 있어 새는 것을 쉽게 알 수 있으며 공기보다 가벼운 가스이므로(LPG 경우 공기보다 무겁다) 가스가 새면 높은 곳으로 모이기 때문에 사용 전 반드시 환기를 잘 시켜야 한다.
* 연소기기 부근에는 불붙기 쉬운 가연성 물질(호스 등)을 놓아서는 안 된다.
* 콕과 연결부, 호스 등을 비눗물로 수시로 검사해 GAS가 새는지 확인한다.
* GAS의 사용을 중단할 경우에는 연소 기구의 콕, 밸브는 확실하게 닫아둔다.
* GAS가 새어 냄새가 날 때는 즉시 부근의 화기를 꺼버림과 동시에 콕, 주밸브, 용기밸브를 모두 닫고 창이나 출입문을 열어 통풍을 시키며 비상 관제실에 통보한다.
* GAS 사용 시 자리를 비우지 말고, 끓어 넘쳐 불이 꺼지는가를 감시하여야 한다.
* GAS가 나오면서 호스, 배관 등에 화재가 났을 경우 먼저 가스 중간밸브를 차단하고 소화기로 불을 꺼야 한다.
* 가스가 나오는 상태에서 불을 끄면 폭발화재 위험이 있다.

(4) 화재 예방과 초기진압

1) 화재 예방

* 첫 출근자는 가스누설 여부(콕, 중간 밸브, 메인 밸브가 잠겨져 있고, 시건장치는 되어 있는가)를 확인한 후 출입문을 개방하고 소화기의 위치를 확인한 다음 점화한다.
* LPG와 LNG가스의 기본성질을 알아둔다.
* LNG 가스는 공기보다 0.65배 가볍다.
* LPG 가스는 공기보다 1.2~1.3배 무겁다.
* 가스기기를 사용할 때는 자리를 이탈하지 않는다.
* 가스기기의 콕, 중간밸브, 배관 등에 충격을 가하지 않는다.
* 작업 종료 시에는 콕 중간밸브 메인밸브의 순으로 잠그고 마지막으로 메인 밸브에 시건 장치를 한다.
* 전기 또는 가스 오븐 주위에는 인화물질을 두지 않는다.

2) 화재진압 요령(화재 발생 초기)

* 침착하게 행동한다.
* 주위 근무자에게 통보한다.
* 소화기구(방화사, 소화탄, 소화기)를 사용하여 초기에 소화한다.
* 통보시설을 이용 비상 관제실에 통보한다.

제 5 장 서양요리의 식사형태

》제5장

서양요리의 식사형태

*** 코스 요리 ***

서양요리의 메뉴구성은 코스에 따라 제공되는데, 제공되는 음식의 종류와 순서는 고객의 요구에 따라 변경이 가능하지만 정해진 규칙에 따라 제공되는 것이 원칙이다. 간단한 양식의 경우 3~4개의 코스에서부터 고급레스토랑에서는 9~10개까지 다양한 요리가 제공되는데 여기에서는 각 코스마다 요리의 특징을 설명하고자 한다.

1. 에피타이저(Appetizer, Hors d' oeuvre)

전채요리는 식욕을 돋우는 요리이며, 정찬 또는 만찬의 첫 코스에 등장한다. 영어로는 에피타이저(appetizer), 불어로는 오르되브르(hors d' oeuvre)라고 한다. 오늘날 전채는 서양요리에서 빼놓을 수 없는 중요한 요리로써 그 조리법이 다양하고, 시각과 미각을 자극하여 식욕을 촉진시키는 역할을 하고 있다. 우리나라와 중국에서는 전채(前菜)라 하며 동양에서는 여러 가지 재료를 썰어 섞은 것을 채라 하였고 갖가지 나물의 총칭이기도 한다. 또한 전채요리는 주 요리의 식욕을 촉진하여야 되기 때문에 외관을 작고 보기 좋게 하여야 하며 주방장들의 예술적 감각이 돋보이는 요리로 계절감이나 지방색이 풍부하여 고객에게 식욕을 이끌 수 있어야 한다. 종류로는 차가운 전채(cold appetizer)와 뜨거운 전채(hot appetizer)로 구분할 수 있다.

(1) 찬 에피타이저(Cold Appetizer)

약간 새콤하고 짭짤하며 담백한 재료(절이거나, 훈연한 어패류 혹은 육류가공 육어류, 어류알, 채소류 등)를 이용하여 한입 크기의 날것으로 먹을 수 있도록 만든 요리이다.

(2) 더운 에피타이저(Hot Appetizer)

가벼운 정찬이라고도 불리며 풀코스(full course)의 정찬에서 수프(soup) 다음에 제공되는 요리로 생선류, 테린(terriene) 등을 주로 사용하여 뜨거운 소스와 같이 제공된다.

2. 수프(Soup)

(1) 수프(Soup)의 유래

정찬에서 에피타이저(appetizer)로 식욕을 돋운 다음 입안을 촉촉하게 축여주고 앞으로 식사할 음식을 부드럽게 넘기기 위한 목적으로 위에 부담을 적게 주어 건강유지에 좋은 요리이다. 수프는 생선, 육류, 뼈, 채소 등을 단독 또는 채소(mirepoix), 향신료를 넣어 찬물에서 약한 불로 천천히 끓여서 우려낸 국물(육수)을 기초로 하여 만든 국물 요리이다.

19세기 초까지만 하여도 포타지(potage)는 육류 요리처럼 하나의 요리였으나 이후 점차 의미가 축소되어 오늘날에는 메인디쉬(main dish)를 먹기 전 취하는 코스 메뉴로 변화되었다. 포타지(potage)란 영어로 수프(soup)를 의미하며 이 수프 단어의 어원은 중세 프랑스에서는 빵을 의미하였다. 그 당시 사람들은 브로스(broth), 와인(wine), 소스(sauce) 등을 수페(soupe)란 빵에 부어 먹었다고 한다. 이러한 어원 때문에 프랑스에서는 수프는 포타지의 한 형태로 체에 거르거나 농축시키지 않고 쌀(rice), 누들(noodle), 베지타블 (vegetable), 미트(meat) 등으로 걸쭉하게 만든 포타지(potage)를 의미한다.

(2) 수프(Soup)의 분류

수프는 온도에 따라 핫 수프(hot soup)와 콜드 수프(cold soup)로 나누어지며 농도에 따라 맑은 수프(clear soup), 걸쭉한 수프(thick soup)로 나누어 질 수 있다.

맑은 수프에 대표적인 것은 콩소메(consomme)이다. 주재료에 따라 콩소메의 이름과 맛이 바뀌게 된다. 예를 들어 주재료가 닭(chicken)이면 치킨 콩소메, 쇠고기(beef)이면 비프 콩소메 등 다양한 이름을 갖게 된다. 기본적으로 콩소메는 주재료와 채소, 계란 흰자(egg white)를 섞어서 정제한 것이다.

* 맑은 수프(clear soup)
  - 육류부용(Meat Bouillon)
  - 채소부용(Vegetable Bouillon)
  - Consomme

* 걸쭉한 수프(thick soup)
  - 퓌레(Puree)
  - 크림(Cream)
  - 벨루테(Veloute)
  - 비스크(Bisque)
  - 차우더(Chowder)

이 수프를 만들 때 주의할 점은 재료를 섞을 때 차게 하여야 정제(clear)가 잘 된다는 것이다. 걸쭉한 수프(thick)에는 전분이 함유된다는 특징이 있는데 퓌레(puree)는 각종 채소가 모두 수프의 재료가 될 수 있고 진한 육수에 채소를 넣어서 푹 끓여서 체로 걸러서 사용하면 된다. 비스크 수프(bisque soup)는 각종 갑각류를 오븐(oven)에 구워서 스톡(stock)을 만들어 사용하는 수프를 말한다. 차우더 수프(chowder soup)는 생선과 조갯살을 이용하여 건더기가 있는 수프를 말한다. 벨루테(veloute soup)는 부용(bouillon)에 밀가루와 버터를 볶아서 만든 루(roux)를 넣어서 만든 수프를 말한다. 끝으로 크림수프(cream soup)는 앞에서 말한 루(roux)에 우유와 크림을 섞어서 만든 수프를 말하고 있다.

3. Main Dish의 개요

앙트레(entrees)는 본래 프랑스 말이지만 세계적 요리용어로 발전하여 널리 쓰이고 있다.

오늘날 주요리하면 앙트레(entrees)를 연상하고 있으나 사실은 프랑스식 정찬 요리에서는 세 번째 제공되는 요리로써 에피타이저(appetizer)와 수프(soup) 다음으로 육류가 제공되기 전에 소스와 함께 팀발(timbal)이나 작은 파테(small pate)를 서브하던 것이 역사의 변천과 함께 요리에도 변화가 일어나 코스(course)가 단순화되었고 그 종류도 줄어들면서 주요리화되었다. 기본적으로 앙트레는 찬 앙트레와 뜨거운 앙트레로 나누어진다. 그러나 오늘날 앙트레는 보통 적당한 채소와 샐러드, 가니쉬(garnish)를 곁들여 주요리(main dishes)로써 서브한다.

앙트레와 그로스 피스(grosse piece)와는 주요한 차이점은 앙트레의 경우 육류를 알맞은 크기로 썰든가 뼈를 빼고 고기덩이를 그대로 조리하는데 비하여 그로스 피스의 경우 커다란 고기덩이를 그대로 조리한다는 것이며, 따라서 조리법도 서로 차이가 있다.

그러므로 이 두 종류의 요리를 같은 범주 안에 분류할 수 없는 것이며, 얼마 전까지만 해도 메인코스(main course)에 사용되는 재료는 주재료와 곁들임 재료 간의 구분이 뚜렷하였는데 오늘날에는 어느 것이 완전하게 주재료인지 알 수 없을 정도로 2~4가지 정도의 재료를 적당하게 섞어 쓰는 조리법이 눈에 띄게 늘어났다.

우리가 일반적으로 생각하는 주요리하면 육류요리를 떠올리는데 결코 주요리가 육류만을 의미하지는 않고 다만 주요리에서 육류가 차지하는 비중이 높은 것은 사실이다.

4. 샐러드 요리(Salad)

(1) 샐러드의 개요

샐러드의 기본적인 요소는 바탕(base), 본체(body), 가니쉬(garnish), 드레싱(dressing)으로 구성되어 있어야 한다. 샐러드의 어원은 소금을 뿌린 향초(herba salate)에서 생긴 것으로 기원전에 로마, 그리스시대부터 먹었던 것으로 되어 있다. 채소 중에서 소화에 도움을 주기 위해 약초에 해당되는 마늘, 파슬리, 샐러리 등을 육류요리와 함께 섭취하였던 것이다.

요리에 있어서 눈을 즐겁게 해주고 기분을 상쾌하게 하기 위하여 샐러드는 꼭 필요하다. 또한 요즘같이 고기를 많이 섭취하는 시대에 산성식품을 중화시키기 위해서는 알칼리성인 채소는 꼭 필요한 것이다. 현재에는 계절 채소, 과일, 허브, 어패류, 육류 등을 드레싱(dressing)이나 소스(sauce)를 곁들여 먹는 것을 말한다. 샐러드는 신선한 과일과 채소의 고운 색깔로 인해 요리의 중심점이 되며 건강과 미용을 부여하는 원천이기도 하다. 이것은 식욕촉진을 위해 주식요리의 곁들임 요리로 예부터 즐겨온 것만 보더라도 틀림없다. 특히 여성들이 샐러드를 즐기는 것은 맛이 좋고 보기에도 아름답게 만들어져 예술적인 멋을 풍겨 주기 때문이다.

샐러드 재료는 다양하지만 대체로 양상추를 이용한 샐러드가 많다. 그리고 가벼운 샐러드와 비중있는 주식요리, 비중있는 샐러드와 가벼운 주식요리라는 법칙은 항상 지켜져야 한다. 샐러드의 재료는 다양하지만 대체로 양상추를 이용한 샐러드가 많으며 영양성분으로는 필수아미노산과 미네랄을 제공한다. 또한 샐러드는 풀코스(full course)요리에서 주요리(main course) 전에 내기도 하고 뒤에 내기도 한다.

(2) 샐러드의 종류

샐러드의 분류는 여러 가지가 있지만 대체로 기본재료, 만드는 방법, 찬 것, 더운 것 등으로 구분된다. 샐러드를 주방에서 간단히 분류한다면 크게 두 가지로 볼 수 있다. 단순한 샐러드와 복합 샐러드로 볼 수 있다. 단순 샐러드는 한 가지 재료로 만들어지며 생채소와 익힌 채소로 구분된다. 생채소는 녹색채소(양상추)를 이용하고 익힌 채소는 생선, 갑각류, 육류, 가금류 등을 이용한 것을 말한다. 이것들은 세트 메뉴(set menu)의 고기요리에 곁들여져 나가는 경우가 많다.

복합 샐러드는 여러 가지 재료를 섞어서 이용하는 뷔페식 샐러드를 말한다. 샐러드는 유럽보다도 미국에서 많은 발달을 하여 샐러드의 분류에도 아메리칸 스타일을 넣었을 정도이며, 요즘은 세계적으로 채소를 선호하는 경향이 강하고 동양식에서도 채소가 꼭 음식에 포함될 정도이다. 샐러드는 4가지 기본 구성으로 만드는데, 기본원칙은 바탕(base)과 본체(body), 드레싱(dressing), 가니쉬(garnish)인데, 바탕은 거의 양상추든지 샐러드용 향신 잎채소이다. 이는 접시를 채워줌과 동시에 본체와의 색 대비를 위함으로, 본체는 샐러드의 대부분을 이루는 부분인데 다음과 같은 기본원칙을 지켜야 한다.

* 재료의 가짓수에 따라
  - 단순 샐러드 : 1, 2가지 재료
  - 복합 샐러드 : 여러 가지 재료
* 재료의 종류에 따라
  - Crispy 샐러드 : 채소 샐러드
  - 전분질 샐러드 : 파스타, 곡물
  - 육어류 샐러드 : 육류, 어패류
* 드레싱 첨가방법에 따라
  - 드레싱 미리 섞음 : 시저 샐러드
  - 먹을 때 뿌려 먹음 : 어소트드(assorted) 샐러드

1) 드레싱의 개요

드레싱은 대부분 모든 샐러드에 곁들이거나 혼합해서 고객에게 제공된다. 또한 풍미와 맛을 증진시키고 때로는 결합체의 장식 또는 음식의 가치를 높여 주며 부드럽게 해주는 윤활유로 소화를 촉진시켜 주는 소화 촉진제로서의 작용도 한다. 일부에서는 소스(sauce)와 드레싱

(dressing)이란 용어를 혼용하여 사용하는 경우가 많은데 드레싱은 미국의 영향을 받은 국가에서 많이 쓰이고 유럽에서는 소스란 용어를 많이 사용하고 있다. 드레싱은 여자의 옷이 스무스(smooth)하게 입혀진다는 뜻으로 쓰였다고 한다.

샐러드 위에 뿌리는 소스가 약간 흘러내려야 정상이며, 이것으로 말미암아 샐러드의 맛을 증가시키고 샐러드 가치를 돋보이게 하며, 소화를 도와줄 수 있다. 드레싱은 샐러드의 종류에 따라 알맞게 선택하여야 하며 선택에 앞서 맛, 농도, 영양가, 소화작용, 색상, 모양 등을 고려하여야 한다. 대부분 드레싱은 따로 제공하거나 제공 직전에 샐러드와 섞기도 한다. 그밖에 감자, 육류, 해물 샐러드 등이 있는데 이는 바로 먹기 전에 혼합해서 제공하여야 좋은 맛을 얻을 수 있다.

5. Dessert

(1) 개념

디저트란 말의 어원은 프랑스어의 데세르비(desservir : 치우다, 정돈하다)에서 유래한 것으로 식사의 맨 마지막 코스에 나오는 단맛(sweet), 풍미(savour), 과일(fruit)의 3요소가 모두 포함된 음식을 말한다. 또한 디저트는 식사가 끝나고 식욕이 충족된 상태에서 마지막으로 식사의 끝맺음을 우아하고 향기롭게 눈을 즐겁게 해주는 것이다.

앞 코스의 요리가 아무리 훌륭한 것이라도 마지막을 장식하는 디저트가 좋지 못하다면 식사 전체가 엉망이 되고 만다. 즉, 디저트는 그 즐거움을 위해 만들어진 요리의 꽃이라 할 수 있겠다.

요즘 디저트 요리에서는 설탕과 버터의 함량을 줄이려는 현상이 일어나고 있으며 크림을 사용한 크림 케익이 많이 생산되고 있다. 또한 무스(mousse), 슈플레(souffle)에서도 가급적 젤라틴(gelatin)의 함량을 줄이려는 경향이 있으며, 또한 미각적 효과를 극대화하기 위하여 소스(sauce)와 주재료의 온도 대비 방법을 이용하고 있다. 시각적 효과를 살리기 위하여 다양한 색상의 접시가 이용되고 이루어지도록 하여야 한다.

(2) 분류

1) Ice cake(빙과류 후식)

2) Cold dessert(찬 후식)

3) Hot dessert(뜨거운 후식)

4) Cheese(치즈)

1) 빙과류(Ice cake)

- Ice cream
- Sherbet
- Coupes

2) 찬 후식(Cold dessert)

- Mousse
- Parfair
- Ice souffle
- Bavarois
- Pudding

3) 뜨거운 후식(Hot dessert)

- Crepe suzette
- Cherry jubilee
- Hot souffle
- Flambe 등..

6. 식사형태에 의한 분류

(1) 조식(breakfast)의 개요

사람의 하루의 일과를 시작하면서 가장 먼저 하게 되는 것이 아침식사이며, 이를 통하여 우리 몸이 필요로 하는 영양분을 흡수하게 된다. 이러한 점에서 가장 중요한 식사라 할 수 있다. 전날 저녁식사로부터 대략 10~12시간의 공백을 둔 상태이기 때문에 아침 식사의 내용은 위에 부담을 주지 않는 부드러운 메뉴가 바람직하며, 열량 면에서는 하루를 시작하는 식사인 만큼 고열량의 요리를 준비하여야 할 것이다. 서양요리 조식에서는 크게 미국식과 유럽식으로 나누어진다.

(2) 조식(breakfast)의 종류

1) 미국식 조식(american breakfast)

미국식 조식은 계란요리를 주요리로 주스(juice), 토스트(toast), 커피(coffee), 프라이드 포테이토(fried potato) 등이 제공되고, 햄(ham), 베이컨(bacon), 소세지(sausage) 등을 선택해서 먹는 식사형태로 때에 따라서 곡류(cereal)가 제공되기도 한다.

① 구성내용 A

* A Choice of Juice
* Basket of Rolls & Toast
* Two Egg Any Style W/ Ham, Bacon or Sausage
* Coffee or Tea

② 구성내용 B

* A Choice of Juice
* Basket of Rolls & Toast
* Hot or Cold Cereals W/ Milk & Slice Fruit
* Two Eggs Any Style W/ Ham, Bacon or Sausage
* Coffee or Tea

2) 유럽식 조식(continental breakfast)

유럽식 조식은 계란요리가 포함되지 않고 주스(juice), 토스트(toast), 커피(coffee) 등으로 간단하게 먹는 식사형태로 유럽에서 많이 이용되어지고 있다.

① 구성내용

* A Choice of Juice
* Basket of Rolls & Toast
* Coffee or Tea

(3) 브런치 메뉴(brunch menu)

브런치(brunch) 메뉴는 아침과 점심 중간에 제공되는 식사형태인데, 바쁜 도시생활을 하는 사람들에게 적용되는 메뉴이다. 브런치(brunch)는 브랙퍼스트(breakfast)와 런치가 합쳐진 용어이다. 브런치의 메뉴로는 주로 아침식사의 메뉴가 제공된다.

(4) 저녁 메뉴(dinner menu)

저녁 메뉴(dinner menu)는 하루의 식사시간에서 가장 여유롭게 즐길 수 있는 시간이다. 따라서 메뉴도 하루 중 가장 풍성하고 가격도 비싼 편이며, 대개 식사와 함께 와인이 곁들여지는 경우가 보통이다. 식당에서는 저녁식사 때에는 다양한 메뉴와 품격 있는 서비스를 제공하여야 한다. 저녁메뉴로는 스테이크, 랍스타, 로스트, 치킨, 해물요리, 파스타 등이 전통적인 주요리 메뉴이고, 포도주, 칵테일 등 주류를 곁들여서 저녁식사의 격을 높여 준다.

(5) 달걀(egg) 요리

1) 계란의 선택 및 보관방법

아침식사에는 여러 가지 식자재가 있으나 가장 많이 사용되는 것이 계란이라 할 수 있다. 계란은 반드시 신선한 것을 선택하여야 한다. 선별 방법은 여러 가지가 있으나 대략 육안으로 보아 껍질이 윤기가 나고 반질반질하면 오래된 것이고, 껍질이 거칠고 광택이 없는 것이 신선한 것이다. 가장 정확한 방법은 계란을 접시에 깨뜨려 보아서 노른자위가 둥글고 흰자위가 퍼지지 않고 엉켜서 탄력성이 있는 것이 신선한 것이다. 계란의 종류는 소, 중, 대 3가지로 구분한다. 대략 45~50g을 소란, 52~56g은 중란, 58~62g은 대란으로 구분한다. 계란 요리를 할 때 휘저어서 쓸 때는 대란이 좋지만 후라이(fried)할 때는 중란이 가장 좋다. 저장 온도는 깨끗한 몰드판 위에 담아서 섭씨 5~8℃에 보관하는 것이 좋다.

2) 계란의 구조적 특성

계란의 조리 방법을 이해하려면 계란의 구조를 알아야 한다. 계란은 약 75%의 수분, 13%의 단백질, 11.5%의 지방질로 되어 있다. 계란의 단백질은 비교적 저온의 조리온도를 요하기 때문에 고온에서 오랫동안 조리하게 되면 단백질이 변성되어 단단하게 되어서 식품의 가치가 떨어진다. Frypan에 계란을 올려놓았을 때 계란 흰자는 약 137°F에서 응고되며 노른자는 150°F~154°F에서 응고되기 시작한다.

3) 계란의 구조

계란의 껍질은 외층을 구성하고, 안과 바깥층을 구성하고 있는 얇은 막은 껍질의 안쪽에 붙어 있다. 계란의 커다란 끝 쪽에 있는 기공세포는 수분이 증발할 때 형성한다. 이 기공세포는 계란의 성숙도를 나타낸다. 흰 계란은 3개의 층이 있는데, 껍질 다음에 부드럽고 얇으며 흰 층이 있고, 다음 층은 두껍고 끈끈하며 희다. 얇은 흰층은 노른자를 둘러싸고 있는데 이것은 노른자에서 두꺼운 흰층과 분리시킨다. 알끈은 노른자 양쪽에 있는 하얀 물질로 된 실같이 생긴 가닥인데, 계란 중앙 가까이에 노른자가 있도록 지지해 준다. 노른자는 층으로 구성되어 있고, 매우 얇은 막에 의해 흰자와 분리된다.

4) 계란 요리

아침식사의 계란요리는 대개 1인분에 2알로 한다. 그 외 특별한 경우 오믈렛(omelet) 또는 다른 요리를 할 때는 대개 식용유를 사용하는데, 이것보다 정제버터(clarifide butter)를 사용하면 더욱 좋다.

계란 조리시 사용하는 프라이드 팬(fried pan)은 충분히 가열되어야 하며, 바닥면이 매끄러워야 하고 조리 후 물로 세척하여서는 안 된다.

① 서니 사이드 업(sunny side up)

이것은 계란을 프라이드 할 때 뒤집지 않고 한쪽만 익히는 것을 말한다. 팬에 기름을 약간 넣고 팬이 뜨거울 때 계란을 넣고 흰자가 약간 익으면 오븐(oven)이나 샐러만드(Salamander)에서 잠시 익힌다.

② 턴 오버(turn over)

프라이드 에그를 양쪽 모두를 익힌 것으로 익히는 정도에 따라 오버 이지(over easy), 오버미디움(over medium), 오버 하드(over hard) 등으로 나눈다.

* 오버 이지(over easy)는 계란의 양쪽 면의 흰자만 약간 익힌 방법이다.
* 오버미디움(over medium)은 계란 양쪽의 면의 흰자는 완전히 익히고 노른자를 약간 익히는 방법이다.
* 오버 하드(over hard)는 계란 양쪽 면의 노른자까지 완전히 익힌 것을 말한다.

③ 스크램블 에그(scrambled eggs)

계란을 적당한 그릇에 깨뜨려 넣고 계란 2알이면 1 스푼(spoon) 정도의 밀크(milk) 또는 후레쉬 크림(fresh cream)을 넣고 잘 휘저은 다음 프라이드 팬 (frypan)에 기름을 넣고 가열한다. 계란을 넣고 빨리 휘저어야 한다. 너무 오랫동안 조리하면 단단해지므로 부드러워졌을 때 조리를 마무리해야 한다.

④ 보일드 에그(boiled eggs)

보일드 에그(boiled eggs)는 많은 손님이 아침 식사에 주문을 하기 때문에 조리할 때 주의해야 한다. 보일드 에그는 대개 미숙(soft), 반숙(medium), 완숙(hard) 등으로 구분하여 조리한다. 물론 계란의 크기에 따라 다소의 차이가 있으나, 미숙(soft)은 끓는 물에 3~4분 정도, 반숙(medium)은 5~6분 정도, 완숙(hard)은 10~12분 정도이다.

보일드 에그를 조리할 때 깨끗한 것으로 골라서 해야 하며 끓는 물에 넣을 때 깨지지 않게 주의해야 한다. 요즘 호텔에서는 자동 보일드 에그 기계(boiled eggs machine)를 사용한다. 이 기계는 계란을 넣고 원하는 시간을 조절하여 놓으면 계란이 자동적으로 위로 올라오게 되어 있다. 특히 서양 사람들은 자기 식성에 맞는 보일드 에그를 주문하기 때문에 시간이 경과되면 좋아하지 않는다. 그러므로 정확한 시간을 맞춰야 한다.

⑤ 포오치 에그(poached eggs)

포오치 에그(poached eggs)를 만들 때는 물 1ℓ에 소금 5g과 식초 2㎖를 넣고 물의 온도를 75~80℃ 정도로 약하게 끓이는 것이 좋다. 너무 강하게 끓이면 계란의 흰자가 풀어질 염려가 있다. 계란을 넣을 때는 작은 그릇에 옮겨 놓았다가 물이 뜨거워지면 살며시 놓아야 한다.

계란을 넣고 3~4분이면 미숙(soft), 5~6분이면 반숙(medium), 8~9분이면 완숙(hard) 포오치 에그(poached egg)가 된다. 대개 손님에게 제공될 때는 작은 접시나 토스트(toast) 위에 얹어 감자요리와 함께 나간다.

⑥ 오믈렛(omelet)의 종류

오믈렛(omelet)은 계란 요리 가운데 손님이 많이 주문하는 음식에 속한다. 오믈렛은 간단하고 쉬운 요리이면서도 조리하기가 까다로운 요리 중에 하나이다. 물론 조리방법도 숙지해야 되겠지만 많은 연습이 필요하다. 특히 만들 때는 프라이 팬(fry pan)은 지름이 7인치 정도 코팅(coating)된 것이 좋다. 또한 다른 계란요리와 달리 계란 3개를 이용하여 프라이 팬(fry pan)에 타원형으로 잘 말아서 만든 요리로 계란에 넣는 첨가물에 따라 이름을 달리 부르고 있다. 오믈렛은 들어가는 내용물과 소스(sauce)에 따라 각기 명칭이 달라진다. 내용물 없이 계란만 이용하여 만든 요리를 플레인 오믈렛(plain omelet)이라 하고, 햄(ham), 베이컨(bacon), 소세지(sausage), 치즈(cheese), 양파(onion), 버섯(mushroom) 등을 속에 넣어 만들 수 있다.

(6) 곡물요리(cereal)

곡물요리는 시리얼(cereal)이라고 하는데 곡물요리는 크게 따뜻한 곡물요리(hot cereal), 차가운 곡물요리(cold cereal)로 나눌 수 있다.

* 따뜻한 곡물요리(hot cereal) : 오트밀(oat meal), 크림 휘이트(cream of wheat)
* 차가운 곡물요리(cold cereal) : 콘플레이크(corn flake), 라이스 크리시피(rice crisp), 라이신 브랜(raisin bran)

1) 조리법

* 오토밀(oat meal) : 끓는 물에 오토밀을 넣고 5~10분 정도 조리한 다음, 우유를 첨가하여 계속 끓이다 소금과 설탕으로 양념을 하여 마무리한다.
* 크림 휘위트(cream of wheat) : 오토밀 과 조리법은 동일하나 설탕은 넣지 않는다.
* 콘플레이크(corn flake), 라이스 크리시피(rice crisp), 라이신 브랜(raisin bran) : 우유에 설탕나 소금을 넣어 먹는다.

(7) 주스(juice)의 종류

Juice는 크게 나누어 Fresh juice와 Can juice가 있다.

* Fresh Juice : Orange, Strawberry, Tomato, Apple, GrapeFruit, Kiwi, Pineapple, Melon, Vegetable.
* Can Juice : Orange, Pineapple, Tomato 등 각종 과일, 채소를 이용 Can제품으로 가공한 Juice.

(8) Breakfast 준비 시 일반적 주의사항

① 계란이 너무 익거나 덜 익을 경우

② Sausage가 색깔이 제대로 안 났을 경우

③ 접시에 기름이 묻었을 때

④ Garnish가 볼품이 없을 때

⑤ 접시가 차다.

⑥ Oatmeal이 너무 묽거나 됨직하다. Recipe대로 안 한다.

⑦ Bacon, 햄, 소시지 등에 기름이 너무 많다.

⑧ Fried Egg에 기름이 너무 많다.

⑨ Pancake가 Heavy하거나 덜 익었을 경우

⑩ Waffles이 Crispy하지 않을 경우

⑪ 감자가 색깔이 나지 않거나 Crispy하지 않을 경우

⑫ 커피가 오래 되었거나 너무 진한 커피

⑬ Corn Flakes가 누글누글하다.

⑭ Toast가 차다.

⑮ Grapefruit의 속껍질이 제대로 잘려지지 않을 경우

⑯ Maple Syrup이 차다.

⑰ Pan에서 하지 않고 Griddle에서 계란요리할 때

⑱ Cereal을 Steam Table에 오래 두지 말 것

제 6 장 서양요리에 사용되는 식재료

제6장
서양요리에 사용되는 식재료

1. 생선요리

생선요리는 수프 다음에 제공되는 요리로 풀코스가 아니고는 생략되는 경우가 많고 오늘날 육식을 싫어하는 고객들은 메인요리에서 육류 대신에 생선요리를 주문하는 경우가 점차 늘어나고 있다. 생선요리는 육류보다 섬유질이 연하고 소화가 잘되며, 불포화 지방산이 많이 함유되어 있기 때문에 오늘날 웰빙 식품으로 선호되고 있는 식품이다. 어패류는 크게 민물에 서식하는 담수어, 바다에 사는 해수어로 나누고 다시 형태에 따라 어류(fish), 갑각류(crustacea), 패류(shell fish)로 구분 짓는다. 또한 서양요리의 풀코스(full course)에서는 수프 다음, 육류 전에 제공되고 있으나 요즘 와서는 생략되기도 하고 육류요리 대신에 주요리(entree)로 선택되는 경우가 많이 있다

(1) 어패류의 개요

일반적으로 어패류는 단백질이나 지질이 풍부할 뿐 아니라 무기질과 비타민류의 좋은 공급원이 되고 라이신(lysine) 함량이 많아서 곡류중심의 식생활에서 결핍되기 쉬운 라이신의 보충이라는 점에서 한국인의 식생활에 영양상 중요한 역할을 하고 있다.

또한 어류는 물의 상태, 어획과 취급방법, 성장정도, 성별, 계절 등에 따라 화학적 조성, 특히 지질의 함량이 달라져 어육의 맛에 영향을 미친다. 물이 차고 맑은 곳의 고기는 물의 온도가 높고, 흐리고 얕은 곳의 고기보다 맛과 질이 더 좋다.

생선은 혈액으로 인하여 붉어 보이는 육류와는 달리 혈관의 수가 적기 때문에 희고 부드럽고 연한 특징을 갖고 있다. 연어같이 색이 있는 생선도 있으나 그것은 먹이 때문이다. 담수어가 해수어보다 맛이 있다. 그리고 어패류는 산란기 직전이 가장 맛있다. 알을 갖기 시작하면

생선 맛이 반 이상 떨어지기 때문에 생선은 1년에 한 번 맛있을 때가 있다고 한다. 하지만 작은 생선은 관계없다.

생선의 지방은 불포화 지방산이 80%이며 담수어보다 해수어가 지방함량이 많고 소화가 용이하다. 생선에 따라 기름기가 많이 느껴지는 것이 있지만 뱀장어 빼고는 지방의 함량이 거의 비슷하다. 옛부터 서양에는 넙치, 아구, 연어 등을 최고의 미식가 요리로 여겼으며 꼭 실버에 담아 먹어야 격식을 차린 것으로 인정하였다. 연어는 희귀성 생선으로 돌고래, 상어와 함께 생선의 왕이라고 했다.

어패류는 살아 있는 상태로 조리하는 것이 가장 좋지만 대개 냉장, 냉동 방법으로 선도를 유지시키고 있다. 전용냉장, 냉동에 보관해야 하며 생선살을 뜬 후 물에 젖은 헝겊으로 싸서 얼음 위에 올려놓아 보관하며 온도는 2℃~3℃가 무난하다.

(2) 구입 및 보관

생선과 갑각류 및 패류는 온도에 민감하여 빨리 상하기 때문에 고를 때는 특히 주의하여야 한다. 생선 냄새가 좋지 않고 암모니아 같은 냄새가 나면 그것은 신선한 것이 아니다. 신선한 생선은 깨끗한 붉은 아가미와 비늘 조직이 단단하고 탄력이 있어야 한다. 만일 포장한 생선을 구입한다면 포장에 들어 있는 액체의 색깔이 흐리거나 백색이면 안 된다.

갑각류는 껍질이 있는 것과 없는 것, 살아 있는 것과 죽은 것 두 가지로 판매된다. 게, 가재, 새우의 껍질은 요리할 때 분홍 또는 빨간색이 되어야 한다. 조개, 대합, 굴 같이 살아 있는 갑각류는 껍질이 단단히 조여 있어야 하고, 만일 껍질이 조금이라도 벌어져 있다면 죽은 것이므로 즉시 버려야 한다. 껍질을 까 놓은 굴, 가리비, 대합은 통통하게 살쪄 있어야 한다. 가리비는 약간 달콤한 맛이 나야 하며, 새우도 약간 달콤하고 냄새와 조직이 단단해야 한다. 보관 시 젖은 수건 등으로 싸서 냉장고의 가장 찬 곳에 보관한다. 부득이한 경우 냉동시킬 수 있으며, 그날 사용하는 것이 신선도와 맛 그리고 영양학적 가치가 있다.

(3) 생선의 특징

어패류도 동물과 마찬가지로, 사후 1~3시간 이내에 근육 경직이 일어난다. 어류의 종류,

어획시의 처리 상황, 어획 후의 관리 상태에 따라 경직 시간이 다르게 나타난다. 어육의 신선도를 오래 유지하려면 경직 상태를 오래 지속하도록 하고 사후 경직이 끝나면 자기 소화를 거쳐 부패가 일어난다. 생선에는 자기 소화란 것이 있는데. 이는 사후 경직기가 끝나면 생선의 체내에 있는 단백질 분해 효소 및 지방 분해 효소에 의하여 어육의 분해가 시작되는 것이다. 이 자기 소화는 흰색살 생선보다 갈색살 생선이, 해수어보다 담수어가 빨리 일어난다.

어육은 식육에 비하여 경직이 약하므로 자기 소화도 일어나기 쉽고 그 기간도 짧아 쉽게 부패에 이르게 된다. 자기 소화가 진행된 어패류는 조직이 연화되기 쉬우며 풍미도 떨어져서 생식에는 적합하지 않으나 조리에는 이용할 수 있다. 따라서 신선한 생선을 골라서 구매하는 것은 조리한 음식의 맛, 풍미, 질감을 결정짓는 주요한 요소가 된다.

신선한 생선은 다음과 같은 특징이 있다.

① 생선의 표피를 손가락으로 눌렀을 때 탄력이 있어야 한다.

② 아가미의 색깔이 빨갛고 단단해야 한다.

③ 생선을 들었을 때 꼬리가 처지지 않고 쭉 뻗어야 싱싱한 것이다.

④ 눈이 툭 튀어나오고 밝고 투명한 것이라야 한다.

⑤ 복부가 단단하고 해체했을 때 뼈에 잘 붙어 있어야 한다.

⑥ 비늘이 윤기가 있고, 표피에 잘 붙어 있어야 한다.

⑦ 바다 생선은 바다 냄새(트리메티라민), 민물 생선은 민물 냄새(피퍼리딘)가 나야 한다.

1) 생선 요리 방법

* 프라잉(frying) : 밀가루와 계란 그리고 빵가루를 묻혀서 튀긴 요리이다.
* 그릴일링(grilling) : 석쇠에 굽는 방법으로 소금, 후추와 레몬주스로 양념을 한 후 밀가루를 묻혀서 굽는 경우가 많다.
* 포칭(poaching) : 알부민의 손실을 방지하고 육질을 연하게 할 목적으로 천천히 물에서 요리한다.
* 쇼테링(sauting) : 생선에 밀가루를 묻히고 버터에 천천히 볶는 방법으로 이런 요리를 피시 뮤니에르(fish meuniere)라고 한다.

* 스티밍(steaming) : 생선의 모양을 원형대로 보존하기 위하여 찌는 요리방법이다.
* 그라탱(gratineting) : 생선 위에 지방성 식품(egg yolk, cheese) 등을 얹어서 샐러만드(salamander)에서 하는 요리이다.

2. 쇠고기(Beef)

쇠고기야 말로 서양요리에서 주요리에 차지하는 비중이 가장 크다고 볼 수 있다. 쇠고기는 도체의 크기가 다른 육류에 비하여 큰 것은 물론이고, 부위별로 육질의 차이가 현저하여 각기 다른 특성을 가지고 요리를 만들어 낼 수 있다. 또한 쇠고기는 육질이 좋아야 하는데 육질을 평가하는 것은 나이가 어리고 질이 좋은 소의 살코기 색깔은 밝은 체리와 같은 붉은색이다. 그보다 좀 더 성숙한 쇠고기는 조금 검은 붉은색이다.

품질 좋은 쇠고기는 연한 근육질에 밝은색의 지방에 심이 그물조직으로 섬세하여야 한다. 고기는 요리하기 전에 10~14일 동안 성숙시키는 것이 좋은데 특히 로스트나 스테이크(steak)로 사용하는 고기에 필요하다. 그러나 삶아 사용할 고기는 단지 4~8일 동안 성숙시키면 된다.

육류품질에 대한 객관적인 단계를 생산자에게 제시하고 소비자들이 육류를 선택하는데 있는데 도움을 준다. 따라서 소비자들은 품질이나 가격 등을 고려하여 가장 경제적이고 효과적인 선택을 할 수 있게 된다. 육류의 등급기준은 식용 육류의 품질을 나타내는 것으로 부드러움과 육즙 함유량, 향기 등을 기초로 하고, 도체의 연령, 색깔, 맛, 지방분포도와 같은 기본요소들을 기준으로 하여 보다 과학적인 방법으로 등급을 가린다. 다음은 미국육류협회의 주요 육류 등급기준이다.

* 최상급(USDA prime) : 최상의 등급으로 최고급 호텔과 식당에서 판매되고 있는 고기로 생산량이 한정되어 있어 가격이 비싸다. 육질을 부드럽게 하는 마블링(marbling)의 대리석 모양 기름조직이 고르게 분포되어 있고 두꺼운 흰백색의 지방으로 싸여 있다.
* 상등급(USDA choice) : 일반 식당과 마트에서 가장 흔하게 사용되고 있는 고기로써 육질과 지방함유 정도가 프라임보다 약간 떨어지지만 살코기의 육즙과 향이 뛰어나다. 생산량도 많고 경제적인 가격이므로 인기가 좋으며, 소비량도 많다.

* 상급 및 표준급(USDA good and standard) : 지방함량은 떨어지지만 육질에 있어는 프라임 또는 초이스 등급과 비교하여 큰 차이가 없으므로 경제적인 고기이다.
* 판매급(USDA commercial) : 나이가 든 소에서 생산되는 고기이므로 맛이 깊은 반면 질기다. 따라서 조리방법은 건열조리보다 습열조리가 적당하다고 하겠다.
* 보통급, 분쇄급, 통조림급(USDA utility,cut and canner) : 물리적 방법이나 화학적(효소)방법으로 육질를 부드럽게 하여 조리하거나 고기를 갈아서 햄버거용이나 수프용으로 사용하면 적당한 고기이다.

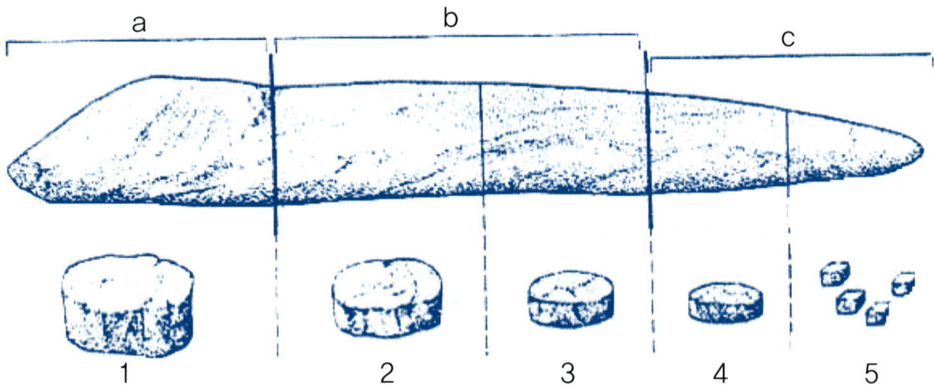

쇠고기 안심(beef tenderloin) 명칭

a : 앞부분(head), b : 중간부분(center), c : 끝부분(tail)
1 : 샤또브리앙(Chateaubriand), 2 : 필렛 스테이크(Filet steak), 3 : 투네도(Tournedos)
4 : 필렛미그농(Filet Mignon), 5 : 굴라쉬(Goulash)

■프랑스에서의 분류와 미국에서의 분류 두 가지가 대표적이며 프랑스에서는 1을 샤토브리앙으로 미국에서는 2를 샤토브리앙으로 분류하고 있다.

(1) 육류의 이화확적 특성

1) 육류의 보수성(water holding capacity, WHC)

식육의 보수성이란 식육이 물리적 처리를 받을 때 수분을 잃지 않고 보유할 수 있는 능력을 말한다. 물리적 처리란 절단, 열처리, 세절, 압착, 냉동 및 해동 등을 말한다. 신선육은 육색, 가열감량, 조직, 견고도 등과 가공육제품의 생산수율, 연도, 다즙성 등도 육류의 보수성과 부분적으로 관련이 있다.

보수성이 나쁜 식육은 수분손실이 많기 때문이 감량이 크고 따라서 영양적 손실도 큰데, 이는 식육 내의 수분 중 일부가 유리수 상태로 존재하기 때문이다. 유리수는 식육을 절단할 때와 같이 외부의 가벼운 충격에도 쉽게 육표면으로 흘러나와 불량한 외관을 나타내며, 여기에는 수용성 단백질, 수용성 비타민, 무기질 등이 함유되어 있어서 영양적 손실도 초래하게 된다. 이때 육류로부터 유리되어 흘러나온 수분을 육즙(drip)이라고 한다. 특히 저장 중인 신선육이나 냉동육의 해동시 육즙의 손실은 외관을 불량하게 하며 식육의 감량도 초래하므로, 육류산업에서 매우 중요한 문제이다.

2) 육류의 연화방법

* **기계적인 방법** : 근원섬유의 길이를 횡으로 자르거나 칼질을 하여 가늘게 다지거나 갈아주는 방법을 써서 근육섬유를 절단하고 근육섬유를 서로 밀착되게 만들고 있는 결체조직을 세분하여 육류를 연하게 만들 수 있다. 불고기나 로스구이를 할 때 주로 사용하는 방법으로, 근육의 섬유를 칼질하여 가늘게 다지거나 갈거나 두드리는 방법이다. 근육섬유를 서로 밀착하게 만들고, 결합조직은 절단하여 조작하기에 용이하도록 한다.

* **효소에 의한 방법** : 단백질 분해효소는 육류의 연화도를 증가시키는데 사용하는데, 열대지방에서는 질긴 고기를 파파야 과즙에 담그거나 고기를 파파야의 잎에 싸서 조리하여 연화시키고 있다. 파파야의 파파인(papain), 파인애플의 브로멜린(bromelain), 무화과로부터의 피신(ficin), 키위의 액티니딘(actinidin), 생강(protease) 등의 단백질 분해 효소가 고기연화에 사용된다. 이 효소들은 사용방법에 따라 효과가 달라지는데, 육류의 표면에 뿌렸을 때는 0.5~2.0mm 정도만 통과하기 때문에 뿌린 후 포크로 찔러주면 더 깊이 들어갈 수 있다.

이들 효소들은 근육세포 단백질뿐만 아니라 결합조직에도 작용한다. 그러므로 과다하게 사용하면 다즙성이 감소하고 푸석푸석한 텍스쳐(texture)가 된다.

* **pH, 염에 의한 방법** : 육류의 수화도를 증가시키는 또 다른 방법에는 육류를 산성이나 염기성으로 만드는 방법이 있다. 육류에 pH를 올리거나 내리면 조리 손실이 감소한다. 그러

나 pH를 올리면 육류의 색이 어두워지는 단점이 있다. 1.3~1.5%의 식염첨가는 가열 조리시 단백질의 수화성을 증가시켜 중량손실을 적게 하지만 지나친 첨가는 탈수작용을 일으켜 중량 손실이 크며 고기도 질기고 맛이 없게 된다. 또 식초가 첨가된 드레싱(dressing)에 담그면 고기의 pH가 저하되어서 부드러워진다.

고기의 마르네이드(marinade) 효과(레몬즙이나 식초, 포도주, 식용유, 향신료 등의 혼합 용액으로써 식품의 풍미를 증진시키기 위해 사용하거나 육질을 연화시키기 위해 고기나 생선을 담근다)에 의해 근섬유조직이 팽창하고, 가열하면 단단한 정도가 저하된다. 그밖에 간장, 청주, 와인도 pH가 4.2~4.6이기 때문에 연화효과가 있다. 염(鹽)에 의한 방법으로는 간장이나 소금을 적당히 사용하면 단백질의 수화를 증가시켜 더 연하게 된다. 그러나 지나친 염의 사용은 탈수작용과 중량의 손실을 일으켜 오히려 질기게 될 수 있다.

(2) 육류의 풍미(flavor)

풍미는 주로 혀에서 느끼는 맛과 코에서 느끼는 냄새 그리고 적게는 입속의 압력과 열에 민감한 부분에서 오는 반응이 종합되어 느껴지는 감각이다. 인간의 혀는 일차 감각 즉 달고, 쓰고, 짜고, 신맛 그리고 이차 감각, 금속 맛을 감지할 수 있는 반면에 코는 비강에 있는 취각 수용기를 자극하는 헤아릴 수 없이 많은 휘발성 물질을 구별할 수 있다고 한다.

육류의 냄새와 맛은 조리시간, 온도, 조리방법 뿐만 아니라 도살전의 요인들에 따라서 다양하게 변화한다. 신선육은 냄새가 거의 없고 단지 피 냄새만이 독특하지만, 열처리에 의해 고기 특유의 풍미가 생기게 된다. 이것은 풍미를 생산하는 반응이 열에 의해 이루어지기 때문이다. 가열한 고기가 날고기보다 풍미가 좋아지는 것은, 글루타민산 이외에 아미노산, 이노신산 등 지미성분을 포함하는 육즙 때문이다. 즉 먹었을 때 입속에서 퍼지기 쉽고 지미를 더 강하게 느낄 수 있는 게 가열한 고기이다. 향이 좋아지는 것은 단백질과 지방이 분해되어서 생긴 향기성분 때문이다. 특히 굽기에서는 고온 때문에 분해가 쉽게 일어나고 향기가 강해진다. 그러나 가열시간이 길면 육즙의 유출과 함께 지미성분의 유출이 커진다. 그리고 육류의 풍미에 영향을 미치는 요인으로는 축종, 품종, 성별, 연령 및 사료를 들 수 있다. 특히 외부적 요인으로는 저장기간과 조건에 따라 큰 영향을 받는다. 이것은 저장기간 동안에 방향성 물질의 손실, 산화, 화학적 분해, 그리고 미생물 발육에 의한다. 식육을 냉동 저장하게 되면, 냉동기간 중 서서히 휘발성 물질을 잃어버리게 되어, 풍미가 떨어지므로 포장에 신경을 써야 한다. 신선육을 충분히 냉장시키지 않거나 실온에서 저장을 하면 미생물들이 단백질을 분해하여 악취를 발생시킨다. 미생물들은 또한 지방을 분해하여 유리지방산을 생산함으로써 산패를 유발하기도 하는데, 고기를 열처리한 후 저장하면 독특한 냄새를 갖게 된다. 이것은 미오글로빈(myoglobin)이 촉매 역할을 한 지방산화취에 의한다.

(3) 육류의 사후변화와 숙성

1) 육류의 사후강직

살아 있는 동물의 근육이나 도살 직후의 고기는 연하지만 죽어서 일정시간이 지나면 근육이 강하게 수축, 경화하고 신전성(extensibility)이 없어지는 사후강직(rigor mortis)이 발생한다. 이와 같은 현상은 사후에 생체의 반응이 정지하여 에너지의 공급이 불가능해지면 조직 내에서 ATP가 감소되고, 근섬유단백질인 actin과 myosin 근섬유 간의 불가역적이고 영구적인 상호결합(irreversible and permanent cross bridge)이 형성되기 때문이다. 즉 도살 전 근육의 산도는 pH 7.0~7.4 정도이나 도살 후에는 글리코겐이 혐기적인 상태에서 젖산을 생성하기 때문에 pH가 저하된다.

또한 APT는 수축된 근육을 이완시키는데 필수적이고, ATP 수준이 높이 유지되는 동안은 살아 있는 가축과 같이 근섬유 간의 상호결합이 가역적(reversible)이어서 이완된 상태(relaxed state)로 되돌아 갈 수 있으므로 근육이 유연하고 신전성이 매우 높은 상태에 있게 된다. 즉, actin과 myosin 간의 불가역적인 영구결합이 형성되지 않은 사후 초기단계를 강직전 (pre-rigor 혹은 delay phase)이라고 한다. 사후강직 중에 형성되는 actomyosin 결합은 살아 있는 가축에서 근육수축운동(muscle contraction) 시에 형성되는 actomyosin 결합과 동일하나, 다만 불가역적이라는 점만이 다르다. 또한 정상적인 수축운동의 경우에 총 가능한 결합장소의 20%만이 실제로 상호결합에 동원되나, 사후강직의 경우는 actin과 myosin이 겹쳐 있는 부위에 있는 거의 모든 결합장소가 상호결합에 이용된다. 따라서 근육은 단축되고 장력(tension)이 형성되기 때문에 강직(stiffening)현상이 오게 된다.

도축 후 사후강직의 속도는 가축의 종류, 근육의 종류, 영양수준, 도축 시 흥분상태, 피로, 도축 후 근육온도에 따라 크게 달라진다. 즉, 가축별 강직개시 시간은 쇠고기와 양고기의 경우는 2~8시간, 돼지고기는 30분에서 2시간, 닭고기의 경우는 몇 분에서 1시간에 이른다.

2) 강직의 해제와 숙성

강직된 고기를 냉장해두면 서서히 연해지고 맛이 좋아지게 된다. 이와 같은 현상을 숙성이라 한다. 숙성 중에는 근육에 존재하는 단백질 분해효소인 카텝신(cathepsin)에 의하여 자기분해(autolysis)가 일어나 저분자상태의 펩타이드나 아미노산이 생성되어 맛과 풍미가 좋아지며, actin과 myosin 사이의 cross-linkage가 파괴되어 연해진다. 숙성과정에서는 pH가 상승되면서 유리된 액즙량이 감소되고 보수성이 증가하게 된다. 보수성이 높은 고기는 조리 시 육즙의 손실이 적어 연하고 부드러운 상태가 된다. 숙성은 임의의 기간 동안 진행되어야 하며 그 이상 계속되면 부패가 되고, 저장온도가 높다면 숙성과 부패가 동시에 일어난다. 따라서 고기는 10℃ 이하에서 숙성되어야 하며, 숙성기간은 온도에 따라 다른데 쇠고기의 경우는 4~7℃에서는 7~10일, 2℃에서는 2주간 정도이다.

3) 육류의 저장과 변성

신선한 고기는 수분이 많고 영양분이 좋아서 미생물이 번식하기 좋다. 따라서 육류는 도축공정부터 이용에 이르기까지 특별한 주의 및 취급이 요구된다. 즉, 육류의 저장은 품질의 저하를 가져올 수 있는 미생물 화학적 및 물리적 변화를 방지하거나 지연시키는 모든 방법을 포함한다.

일반적인 방법으로 냉장, 냉동, 가열처리, 건조 등이 있으며, 적절한 포장재와 포장방법의 응용 또한 식육의 저장을 연장시키는 수단이 될 수 있다. 냉장저장(cold storage)은 고기를 빙점부근의 낮은 온도에서 단기간 저장하는 방법이다.

고기가 얼게 되면 조직이 파괴되므로 품질이 저하된다. 따라서 가급적 미생물을 억제할 수 있으면서 얼지 않는 온도가 바람직하다. 도체의 중심부가 0℃로 냉각이 되려면 -2~-3℃의 낮은 온도에서 소는 72시간, 돼지 및 양고기는 24~36시간이 필요하다.

식육을 냉각하여 냉동저장(freezing storage)하게 되면 색, 풍미, 냄새 다즙성 등의 기호성에 큰 영향을 미치지 않으나 저장이 계속됨에 따라 이들 기호성에 점차적인 저하를 가져오게 된다. 동결방법, 포장방법 및 저장온도는 고기의 품질보존에 중요한 조건이며, 냄새와 풍미의 변화는 쇠고기나 양고기보다 불포화지방산이 많은 돼지고기와 닭고기에서 더욱 심하게 일어난다. 그러나 적절한 동결저장을 한다면 영양가 면에서는 거의 영향을 받지 않는다.

해동이란 동결식품의 온도를 상승시켜 식품 중의 빙결점을 융해하여 동결전과 같은 상태로 만드는 것으로 말한다. 해동과정 역시 냉동과정 못지않게 육질에 많은 영향을 미친다.

해동 시 육류의 품질에 영향을 주는 주요한 원인으로는 해동 시에 발생하는 드립(drip)에 의한 감량 및 탈수됨으로써 소실되는 수용성 단백질 등이다. 동결육의 해동방법으로는 냉풍 혹은 온풍으로 공기순환, 냉수 또는 온수에 의한 침지, 전자레인지(microwave oven)에 의한 급속 해동 등이 있다. 공기순환에 의한 경우 분리 수분량을 적게 하기 위해 6~8℃, 상대습도 90~95%의 해동실에서 서서히 행동하는 것이 보통인데 해동실온도, 고기의 크기, 통풍속도에 따라 1~5일이 소요된다.

냉장 중의 식육의 품질변화

변 화	원 인 작 용			냉 장 별
	물 리 적	화 학 적	생물(효소)학적	
건조와 감량	수분증발 및 얼음의 승화	—	—	냉각냉장 동결냉장
유소	—	지방의 산화	lipase 작용	〃
동결소 (Freezer burn)	얼음의 승화	단백의 변성 지방의 산화	〃	동결냉장
변색(變色)	수분증발 및 얼음의 승화	색소의 산화, 유색물의 생성	미생물의 번식	냉각냉장 동결냉장
곰팡이	고온다습	—	곰팡이의 번식	주로 냉각냉장
점질물	〃	—	세균번식	냉각냉장
단백변성	결합수의 분리	단백의 탈수형으로 변화	—	냉각냉장 동결냉장
육질손상	얼음결정의 생성과 성장	—	—	〃
성분분해	—	분해작용	효소작용	냉각냉장 동결냉장
풍미손상	휘발성 성분의 일산	휘발성 성분의 분해	—	〃

변 화	원인작용			냉장별
	물리적	화학적	생물(효소)학적	
취기(臭氣)	공중에 있는 취기	—	—	주로 냉각냉장
드립(drip)발생	결합수 분리, 육질의 손상	단백의 변성, 해동경직(解凍硬直)	—	동결냉장

조리 동결식품의 경우 온도가 높은 열풍을 이용하는 경우도 있다. 냉수나 온수에 침지하여 해동하는 경우는 공기에 의한 것보다 시간이 단축되나 영양분의 손실이나 세균오염 등의 가능성이 있으므로 폴리에틸렌 포장지에 싼 상태로 하는 것이 좋다. 전자레인지에 의한 방법은 분리수분이 거의 없고 단시간 내에 균일한 해동이 가능하며 세균번식의 기회가 거의 없는 것이 장점이다.

일단 해동된 고기는 빨리 조리하는 것이 좋으며, 필요에 따라서는 이미 해동된 고기를 다시 냉동하여야 하는 경우가 생기는데 해동 후 온도가 올라갔거나 방치시간이 길어서 의심이 갈 때는 다시 동결하지 않도록 한다. 해동과 동결이 계속될 경우 드립(drip)이 과다하게 생기고 다즙성과 풍미 등의 품질이 저하되므로 가능하면 해동된 고기는 재동결하지 않는다.

(4) 연 도(tenderness)

1) Tenderness의 일반적 성질

고기의 연도는 고기를 처음 씹을 때 치아가 고기를 관통하는 난이도, 그 후 고기가 분쇄되는 난이도, 그리고 씹은 후의 입속에서 남는 잔유물의 양에 의한 입속에서의 연도에 대한 종합적인 인상에 의해서 결정되며 조리시 결체 조직의 양, collagen의 상태, 근육의 조밀도 또는 입안의 침의 생성 등에 따라 다르게 느낄 수 있다.

2) Tenderness에 미치는 고기의 도살 전 요인들

신선육의 연도는 동물의 종류, 품종, 연령, 그리고 근육의 종류에 따라 영향을 입는다. 동물의 종류 간이나 품종 간의 연도의 차이는 근육 조직의 차이와 결합 조직에서 오는 것으로 알려져 있으며 hydroxyproline 함량 측정에 의한 결합 조직 함량의 비교는 변이가 심하여 확고한 결론은 내릴 수 없다고 한다. 따라서 결합 조직 대부분을 차지하는 collagen의

polypeptide chain의 분자 간과 분자 내 교차 결합이 증가하게 되며 근육 간의 연도의 차이는 collagen과 elastin의 함량에 따라 좌우된다. 자주 쓰이는 근육은 결합 조직의 함량이 증가하기 때문에 질기게 되며 근육 내지방(marbling)은 근육 내에서 결합 조직을 희석시키는 결과를 초래함으로써 연도를 증가시키는 것으로 알려져 있다.

3) 도살 후 육질의 연도에 미치는 요인들

① 사후 해당 작용

도살 후 근육은 해당 작용이 진전되어 감에 따라 강직 현상을 일으킨다. 사후 강직 전의 근육은 수축이 이루어지지 않았기 때문에 매우 연하나 강직 현상이 이루어짐에 따라 근육 섬유는 수축하게 되고 연도는 감소하게 된다.

또한 사후 강직의 정도는 온도에 의해 많은 영향을 받게 되며 도체가 사후 강직이 완료되기 전에 낮은 온도에 노출되면 저온 단축이 일어나게 되고 냉동시키면 해동시 해동 강직을 초래하여 tenderness가 심하게 감소된다. 또 높은 온도에 노출되면 고온 단축이 유발되어 비슷한 결과가 초래된다. 사후 해당 작용의 속도 또한 근육의 연도에 영향을 미치게 되며, 사후 급속한 근육 pH의 감소는 근장 단백질의 변성을 감소시킴으로써 연도가 감소된다.

② 열처리

일반적으로 조리시 열처리는 collagen을 gelatin화하기 때문에 결체 조직을 연하게 하고 근원 섬유 단백질을 응고시킴으로써 근육이 질겨진다. 이것은 시간과 온도에 따라 좌우되지만 시간은 결체 조직의 연화에 있어 중요한 역할을 하고 온도는 근원 섬유 단백질의 질겨짐에 주요 역할을 한다.

따라서 결체 조직이 많은 근육은 비교적 긴 시간의 습열 처리 방법이 권장되고 결체 조직이 적은 근육은 짧은 시간의 건열 처리가 적당하다. 실제로 근원 섬유 단백질의 응고는 한번 완결되면 온도가 증가하더라도 응고는 더는 진전되지 않고 근원 섬유만이 수축되어 고기가 질겨진다. 따라서 collagen이 수축하는 온도인 60℃보다 낮은 온도에서 서서히 열처리하면 고기의 tenderness 감소가 일어나지 않는다.

Collagen의 gelatin화는 열처리시 고기의 연화에 있어 주요한 역할을 하는 것으로 알려져 있으며 습열처리시 고기는 처음에는 근원 섬유 단백질의 변성에 의해 질겨지지만 나중에 collagen의 gelatin화에 의하여 연해지기 때문이다.

그러나 collagen이 gelatin화되는 온도는 동물의 나이와 근육의 부위에 따라 다양하기 때문에 연도를 증가시키기 위한 고기의 열처리 온도는 일반화하기 힘들다.

(5) 육 색(color)

1) 육 색소의 특징

고기의 붉은색은 80~90%가 myoglobin의 존재에서 오고 나머지 10~20%가 잔유 hemoglobin과 cytochrome 효소의 존재에서 오는 것으로 알려져 있으며 이 모든 색소 물질을 통틀어 heme pigment라고 한다. 육색은 동물의 종류, 품종, 연령, 성별, 근육 부위 영양 상태, 그리고 운동 상태에 따라 차이가 나며 고기의 색깔은 myoglobin의 철원 원자에 의해서 결정된다. 또한 근섬유는 크게 적색 섬유와 백색 섬유로 나누어지는데 적색 섬유가 백색 섬유보다 myoglobin 함량이 높으며 따라서 적색 섬유가 많은 근육은 적색 농도가 짙게 된다.

2) 가열에 의한 육색의 변화

고기는 가열 중에 복잡한 이화학적 변화가 일어나서 고기의 색 변화에 영향을 미치게 된다. 가열은 근육 색소인 myoglobin에 작용하여 고기의 색을 변화시키는데 신선육의 색소는 oxymyoglobin보다 적자색인 myoglobin의 상태가 주이나 가열되면 고기의 내부에 oxymyoglobin 양이 증가하게 된다.

고기의 내부 온도가 상승하게 되면 oxymyoglobin의 양이 차차 감소되며 고기가 충분히 익으면 단백질이 변성되어 변성 globin인 hemichron으로 되어 갈색 또는 회색의 독특한 색으로 변한다.

또한 myoglobin 분자의 중앙에 자리 잡고 있는 철은 산화되어 제2철의 상태가 되며 가열 정도에 따라서 색의 변화가 단계적으로 나타나므로 고기의 색은 조리 진행 과정의 지표로 사용하기도 한다.

(6) 수 분(moisture)

생고기의 수분 함량은 약 70~80%이며 지방 함량이 많은 고기는 수분이 적은 편으로 수분과 지방 함량과의 관계는 반비례 관계가 있다. 고기 내의 수분 함량을 명확히 구분할 수는 없으나 결합하고 있는 상태에 따라 결합수, 중간수, 그리고 유리수로 구분한다. 이들 물분자(결합수, 중간수, 유리수)들과 전기적 결합을 할 수 있는 단백질 분자들의 잔류기와 밀접한 관계를 갖는 것이 보수성이다.

따라서 보수성(water holding capicity)이란 외부의 힘(압력, 가열 원심 분리)이 가해질 때 첨가된 물이나 고기 내의 물을 보유할 수 있는 고기의 능력을 말한다. 결합수는 전체 수분의 약 4~5% 정도이고 이밖에 대부분이 중간수와 자유수이다. 결합수는 단백질 표면에 강하게 부착되어 있어서 외부의 심한 기계적 작용이나 물리적인 힘에도 유리되지 않는다.

중간수는 결합수층과 전기적 인력으로 안정되고 있으나 단백질 잔류기로부터 좀 더 멀리 떨어져 있어서 결합수보다 결합력이 약하여 외부의 강한 물리적 힘이 가해지면 유리될 수 있다. 자유수는 삼차원 구조(three dimensional network)의 근원섬유 내에서 움직이지 않는 상태로 존재하며 단백질의 변성이나 수축에 의해서 이 삼차원 구조가 좁아지면 물이 유리되게 된다. 따라서 고기 내부의 온도가 증가할수록 고기의 다즙성은 떨어지고 조리 손실이 증가한다. 또한 보수성은 근육 단백질 조직 내에 수분 분자들을 위한 공간의 과다에 의해 결정되기 때문에 보수성이 높은 근육은 단백질 조직 내에 공간이 많고 이것은 조직이 이완되어 있으므로 유발된다.

결과적으로 이완된 근육 단백질을 가진 고기의 연도는 높게 되며 해동시 육즙의 손실(drip)과 열처리시 중량의 손실과 수축이 보수성에 의해 좌우될 뿐만 아니라 이러한 육즙의 손실이 영양소(수용성 단백질, 비타민, 무기질)의 손실을 가져온다는 것을 감안할 때 보수성이 중요함을 알 수 있다.

(7) 지 방(fats)

고기 성분 중 지방은 함량의 변동이 가장 크고, 그 성질도 조직의 차이, 연령, 사양 조건, 도체부위 등에 따라 다르며 지방의 화학적 성분은 triglycerides, phospholipid(lecithin, cephalin, spingomyelin) 그리고 cholesterols을 포함한다.

고기 중에서 발견되는 지방질은 저장 지방과 조직 지방으로 분류할 수 있으며 저장 지방은 비교적 큰 덩어리로 한정된 connective tissue에 저장되는 반면 조직 지방은 근육 조직에 결합되어 근육 조직 전체에 널리 분포되어 있다. 또한 고기 내 지방을 구성하고 있는 지방산의 조성은 고기의 저장 안정성에 영향을 줄 뿐만 아니라 숙성 중 일어나는 유리 지방산의 변화에 따라 독특한 풍미의 변화를 초래하는 매우 중요한 성분이다.

일반적으로 지방이 고기의 풍미에 영향을 주는 기작은 두 가지로 설명할 수 있는데 첫째 불포화 지방산의 산화에 의해서 carbonyl의 성분들이 관능적으로 감지될 수 있을 정도의 양이 생성되었을 때 풍미에 영향을 주고 두 번째는 지방 자체가 가열시 생성되는 지용성 물질을 함유하고 있기 때문이다.

고기의 조리에 따른 가열의 효과는 매우 중요한 의미를 갖는다. 역사적으로 고기의 조리는 살균을 목적으로 행하여졌다. 그러나 최근에는 고기를 가열 조리하는 이유가 특정적인 고기의 색, 냄새, 풍미와 조직감을 얻기 위해서이다.

3. 향신료 · 향초

(1) 개요

요리는 특유한 향기에 따라 맛에 차이가 있다. 맛이 있어도 향기가 없으면 요리의 목적을 달성할 수 없다. 그러므로 Sauce에서도 향신료는 중요한 역할을 한다고 볼 수 있다. 서양조리에서는 여러 종류의 향신료를 사용하는데 이들을 육류, 생선류 등의 불쾌한 냄새를 제거하거나 또는 음식의 맛과 향기를 증가시키는 작용과 방부제 역할도 한다.

향신료란 방향성이 있는 식물의 여러 가지 부분, 즉 꽃, 종자, 과실, 잎, 뿌리, 줄기 등을 이용하여 생활에 사용하는 향기가 있는 식물의 총칭을 말한다. 향신료에는 독특한 향기와 매운맛, 단맛, 쓴맛, 신맛, 떫은 맛 등의 여러 가지 맛이 있고, 요리할 때 향기를 내는 것과 맛을 더해 주는 것, 그리고 색을 내는데 소량 사용하여 요리의 감칠맛과 풍미를 증가시키기도 하고, 미뢰를 자극하여 입맛을 증진시키는 역할을 하는 것들도 있다.

맛을 보는 신경은 감수성이 빨리 변하나 향기를 맡는 취신경은 감수성이 늦게 변하는 것을 볼 수 있다. 예를 들어 멀리서 나는 불고기 냄새, 맛있는 음식 등은 눈에 보이지는 않지만 냄새를 맡을 때 비상한 식욕이 생기는 것을 보아도 알 수 있다. 우리나라 향신료는 특이하게 맛, 향 및 색에 의한 사용용도가 다르게 발전했다. 예를 들어 향을 주제로 한 방아잎, 색을 주제로 한 오미자, 맛을 주제로 한 잣 등을 볼 수 있고 미나리는 맛, 색, 향을 모두 지니고 있다. 박하나 생강은 비린내를 제거하는 데 이용하고 있다. 향신료 사용이 동서양에서 서로 다른 것은 주식의 종류에 달려 있다. 쌀을 주식으로 하는 나라와 밀을 주식으로 하는 나라로 분류되는데, 매운 향신료는 고추, 생강이고 향기를 중요시하는 지역에서는 후추의 사용이 많았음을 볼 수 있다. 우리나라에서는 파, 마늘이 중요한 향신료로 사용되다가 후에 일본에서 고추가 들어오자 많이 사용되기 시작하였다. 일본에서는 생선을 중심으로 한 식사가 많아서 생강, 고추냉이 등이 많이 발전했고, 중국에서는 후추, 생강, 계피, 정향 등 향기 있는 향신료를 많이 쓰고 있다. 또한 향신료는 자체의 독특한 향기와 맛이 있어 요리에 강한 영향을 준다. 이것이 없으면 요리는 무미건조해진다.

(2) 향신료 · 향초의 종류

1) Basil(바질)

열대아시아, 아프라카, 태평양의 여러 섬이 원산지인 1년초이다. 민트과에 속하는 일년생 식물로 원산지는 동아시아와 유럽이지만 우리나라도 재배가 가능하여 현재 많이 사용된다. 이탈리아 요리에서 사용하는 향신료 식품 중에서 가장 중요하며 독특한 맛과 매우 향긋한 향기를 내는데 토마토 요리에는 빼놓을 수 없는 부향제이며 닭고기, 어패류, 채소와 샐러드, 스파게티, 피자파이, 스튜, 수프, 소스 등의 요리에 널리 쓰이며 미식가의 입맛을 강하게 자극한다. 건조시킨 바질은 신선한 것에 비하여 풍미나 향기가 다소 떨어지지만 음식물의 부향제로는 별지장이 없다.

2) Bay leaves(월계수잎)

월계수는 암나무와 수나무가 따로 있는 상록 소교목이지만 원산지에서는 10m씩 자라는 교목이다. 줄기는 밑쪽에서부터 잎이 나며 곁가지도 많이 나므로 흡사 관목 같은 인상을 준다. 잎을 스치거나 찢으면 달콤하고 고상한 향기가 난다. 미국과 영국에서 매우 많이 사용하는데, 스튜, 수프, 마리네이드의 풍미를 내기 위해서 사용된다. 건조된 월계수 잎은 달고 독특한 향기가 있어서 서양 요리에는 필수적일 만큼 널리 쓰리는 향신료이다. 또한 식욕을 촉진시킬 뿐만 아니라 풍미를 더하며 방부력도 뛰어나므로 소스, 소시지, 피클, 수프 등의 부향제로 쓰이고 생선, 육류, 조개류 등의 요리에 많이 이용된다. 특히 맛을 내기 위하여 장시간 요리하는 음식일 경우에 좋다. 짧은 시간에 요리를 해야 할 경우 곱게 다지거나 갈면 풍미를 증가시킨다.

3) Black Pepper(블랙 페퍼)

인도네시아, 브라질, 인도, 말레이시아, 마라바 연안이 원산지이며, 익지 않은 열매를 건조한 것으로 심미작용과 방부작용 및 교취작용이 있어서 널리 사용되어 왔다. 독특하게 스며드는 향과 얼얼한 매운맛을 지니고 있으며 햄, 소시지 등의 육가공에는 중요한 원료이며 피클, 채소, 고기스파이스, 채소스파이스, 샐러드 드레싱, 프랑크 소시지 등에 이용되고 있다.

4) Caraway(캐러웨이)

내한성 2년생 초본으로써 여름의 무더위에는 약한 편이다. 키는 60~70㎝로 자라며 당근 잎처럼 잘게 찢어지는 우상복엽으로 실처럼 가늘게 찢어지고 향이 있다. 캐러웨이 씨는 사용할 때마다 빻아서 사용한다. 미리 가루로 만들어 놓으면 향이 날아가 버린다. 피클에 넣을 때는 씨를 약간 갈아야 하며 완전히 부수지 말아야 한다. 보리빵, 사우어크라프트, 비프스튜, 수프와 캔디에 이용되며 큐민, 아니스와 같이 캐러웨이 씨는 독특한 향이 나지 않는다.

5) Chervil(처빌)

내한성 1년초로써 이식을 싫어하고 여름의 무더위에 약하다. 특히 건조와 과습을 싫어하며, 강한 광선에 약하다. 처빌은 파슬리를 더 섬세하게 한 것 같은 느낌의 요리에 쓰이는 대표적 약미식물의 하나로써, 밝은 녹색의 얇은 잎은 아니스같은 감미로운 향미를 지녀서 그 독특한 향미는 파슬리와 비교가 안 될 정도이다. 처빌은 프랑스어로는 cerfeuil라 하며 프랑스의 'fines herbs' 에 빠질 수 없는 재료다. 이것은 처빌, 차이브, 타라곤, 파슬리의 4종류의 향초를 잘게 썰어서 동량씩 섞은 'mix herb' 로써 생선과 육류요리 등의 냄새를 없애고 향을 돋우는 중요한 요리재료이다. 처빌의 향은 휘발성 정유이기 때문에 열을 가하면 향미가 없어지므로 주로 샐러드나 요리의 마무리에 쓰이며 파슬리처럼 이용 범위가 넓다.

6) Cinnamon(계피)

동서양을 막론하고 두루 사용된다. 세계적으로 대중화되어 있는 향료 중의 하나로 주요 생산지는 스리랑카와 미국, 중국 등이고 생산되는 장소가 다른 만큼 그 명칭이나 품질에 있어서도 조금씩 차이가 있지만 계피나무의 껍질을 사용하는 것은 다를 바가 없다. 통계피와 가루계피는 주로 달콤한 요리에 많이 사용되며, 때때로 육류와 엽조류에 사용되기도 하는데 후식 요리에 많이 사용된다. 가루계피는 아이스크림, 수정과, 애플파이, 페이스트리, 빵, 푸딩, 캔디 등에 통계피는 과일조림, 피클, 수프 등에 계리오일은 향의 목적과 의학적인 목적으로 사용한다.

7) Clove(클로브 : 정향)

이탈리아 요리에 주로 사용되는데, 클로브를 마리네이드할 때나 소스를 만들기 위하여 스톡을 끓일 때 양파에 꽂아서 사용한다. 클로브는 달콤한 요리와 파이나 케이크에도 사용되고, 육류 요리와 수프를 만들 때 사용된다.

8) Garlic(마늘)

중앙아시아와 지중해에서 자란다. 알맹이를 이용하여 맛과 냄새가 아주 자극적이고 강하다. 고기요리, 수프, 파스타요리, 소스, 피클, 레디쉬, 샐러드드레싱에 이용된다. 차가운 기후에서 자란 마늘이 맛이 더 강력하고, 살균, 정장, 각기, 백일해, 폐결핵, 강장 등에 효과가 큰 것으로 전한다. 마늘에 들어 있는 황화 아릴에는 강한 살균력이 있으며 소독약으로 많이 쓰이는 석탄산보다 약 15배 더 강하다. 마늘은 비타민 B_1을 유효한 알리치아민으로 바꾸어 주기 때문에 감기, 신경통, 피로회복, 정력증강 등에서 효과를 인정받는다.

9) Mustard(머스터드)

온화한 기후와 열대성 기후 어디에서나 자생하는 생명력 덕분에 세계적으로 광범위하게 퍼져 있다. 채소로 사용되는 머스터드 잎은 날것으로 먹기도 하고 열을 가하여 먹기도 한다. 하지만 다양하게 사용되는 것은 머스터드 씨이다. 머스터드 씨는 갈아서 양념으로 흔히 쓰인다. 중국과 영국 머스터드는 매우 입자가 곱다. 이러한 양념을 가미한 머스터드를 만들 때는 터메릭(tumeric), 식초, 포도당, 소금 등을 넣어 순한 것을 만들어 낸다. 디존(dijin) 머스터드의 경우 허브와 백포도주를 섞어서 톡 쏘는 맛이 나지만 끝맛은 부드러운 것이 특징이다. 그 밖에도 홀스래디쉬를 섞거나 지방 특색을 살린 독일식, 오스트리아식, 자메이카식 등이 있다.

10) Mint(민트)

전유럽과 미국에서 재배되며, 스피아민트와 페퍼민트를 많이 사용한다. 매운맛을 내는 페퍼민트, 향을 내는 애플민트, 캣민트, 스피어민트 등으로 다양하다. 모양새는 조금씩 다르고, 알코올음료, 캔디, 페이스트리뿐만 아니라 육류, 채소, 수프, 소스, 생선 등에 널리 이용된다. 스피어민트는 페퍼민트와 함께 수요와 경제성이 가장 높은 허브다. 주로 lamb vegetable, fruit, soup, potato, ice cream, sherbet 등에 많이 쓰인다. 애플민트는 사과와 박하를 섞은 듯한 향이 나며, 고기 생선, 계란요리 향신료로 이용된다. 페퍼민트는 양, 소 등의 고기요리에 첨가하는 민트소스, 통조림, 감자, 빈스 등의 채소요리, 디저트, 음료 등에 이용한다. 스피어민트는 요리의 부향제로 가장 많이 쓰이고 육류, 생선, 채소, 양고기, 과일 샐러드 등에 이용한다.

11) Oregano(오레가노)

민트과에 속하며 매우 강한 향을 지닌 조그마한 식물로 멕시코, 이탈리아, 미국에서 자생한다. 그 맛은 마조람과 비슷하지만, 그보다 더욱 강한 박하같은 톡 쏘는 향기가 특징이다. 멕시칸과 이탈리아 요리에 흔히 사용되며, 우리나라에서는 피자와 파스타의 향으로 친숙해져 있다. 최근 국내 생산이 가능하여 후레시 오레가노를 요리의 가니시, 드레싱, 소스에 이용할 수 있다. 특히, 가금류나 육류의 로스팅에서 후레시 오레가노를 소금, 후추, 로즈마리, 기름과 함께 사용하면 그 향기의 진가를 발휘할 수 있다.

12) Parsley(파슬리)

파슬리는 다른 허브에 비하여 번식력이 월등하기 때문에 생산량이 많고 꽃봉오리 같은 잎의 아름다움이 한국인의 정서에 쉽게 친숙하였으라 유추해 본다. 파슬리는 말릴 경우 그 아름다운 색이 변하기 때문에 신선한 그대로 사용하는 것이 가장 좋다. 모양 그대로 가니시로 쓰기도 하고, 잎을 뜯어 곱게 다져 라구나 주스를 짠 후 소스 및 드레싱에 색을 내기 위해 이용된다. 파슬리는 요리하는 사람의 개성에 따라 매우 다양하게 이용된다. 잎과 꽃술에 독특한 휘발성 방향성분을 지니고 비타민 A를 다량함유하여 소화를 돕는 소화 효과가 있어 건강식으로도 잠재성을 가지고 있다.

13) Paprika(파프리카)

매운맛이 약한 붉은 고추를 건조 분말한 것으로, 순한 맛의 향기와 희미한 단맛이 있으며 수프와 계육요리, 샐러드 드레싱, 소스 등에 첨가하여 향기와 색을 내는 데 사용한다. 스페인, 헝가리, 남부 프랑스, 유고가 원산지로 우리나라의 고추와 비슷하지만 맛은 많은 차이가 있다. 스페인산 파프리카는 매운맛을 내며 검붉은 색이 특징이다. 우리나라의 고추가 결코 매운맛만을 대표하지 않듯이 파프리카 역시 중후하면서도 그들 나름대로의 미세하고 깊은 맛을 지니고 있다. 파프리카는 샐러드나 피클을 만들어 먹을 수도 있고 색을 내기 위한 목적으로 사용되며 생선요리, 스튜, 카나페 등 다른 응용요리로도 많이 이용되고 있다.

14) Rosemary(로즈메리)

은녹색의 로즈메리 잎을 요리가 완성된 후 접시의 한쪽 옆에 살짝 놓으면 마치 용을 그린 후 붓으로 완성시키는 느낌이 든다. 여기에 후두 커버를 씌운 다음 고객 앞에서 커버를 벗기면 그 향에 취한 고객은 요리를 먹기 전에 이미 요리에 대한 평가를 내릴 것이다.

로즈메리는 보라색 꽃을 피우며 지중해 연안에서 자생하는 잡목의 일종으로 그 잎을 그대로 또는 말린 것을 갈아서 사용한다. 로즈메리는 고기(육류)요리에 많이 쓰이며 이탈리아 요리에는 없어서는 안 될 정도다. 말린 것은 대부분 육류 요리에 있어 향을 내기 위한 목적으로 쓰이며 특히 양고기와 돼지고기를 굽거나 졸이는 데 많이 이용된다.

15) Saffron(샤프란)

붓꽃과의 크로커스(crocus)의 일종으로 꽃의 암꽃술을 건조시킨 것이다. 아시아가 원산지이나 스페인, 프랑스, 이탈리아, 남아프리카에서도 자라고 있다. 암꽃술밖에 채취되지 않으며, 독특한 향기와 쓴맛이 있고 물에 녹이면 황색으로 변화한다. 향신료 중에서도 '향신료의 왕' 이라 일컬어지며 소량으로 향기와 색을 낼 수 있다. 샤프란은 초가을에 가장 먼저 피어나는 꽃 중에서 붉은 부분만을 골라 생산되는데, 그 맛은 씁쓸하고 약간의 단맛을 지니고 있다.

밝고 투명한 노란색의 샤프란이 첨가된 요리는 시각적인 면에서 벌써 하나의 요리로 충족시키는 데 충분하며, 소스, 수프, 생선, 쌀, 감자, 페이스트리에 아름다운 색상을 선사한다.

16) Tarragon(타라곤)

다년생 허브로써 유럽이 원산지이다. 러시아나 몽골에서는 화초로 많이 키우고 있다. 길면서 얇은 잎은 올리브그린색을 지니며 자그마한 단추 같은 꽃봉오리를 피운다. 타라곤을 말릴 경우 향이 휘발하기 때문에 신선한 상태로 사용하는 것이 최선의 방법이나, 보관을 하기 위하여 말리기도 하고 식초나 오일에 절여 두었다가 그 식초와 오일을 사용하기도 한다. 신선한 잎을 따서 샐러드나 피클, 수프에 넣으면 은근한 향을 낸다. 타라곤은 닭, 생선 등의 요리에 잎사귀 하나만 넣어도 완전히 맛을 바꿔 놓을 만큼 신비한 향신료이다.

타라곤 비네가(향신료)는 과일식초에 타라곤 잎을 수주일 간 담가 향이 배어든 것을 샐러드 드레싱이나 마요네즈, 마리네소스 등에 이용하면 신비한 풍미가 나는 것으로 세계적으로 알려져 있는 비네가이다.

17) Thyme(백리향)

요리를 하다가 후레시 타임을 보면 가느다란 줄기와 깜찍스러운 잎이 어쩌면 그렇게 향기로운 향을 낼 수 있는지 새삼 자연의 경이로움을 깨닫게 되고, 한편으로 조리를 한다는 것을 말 그대로 자연을 조화시킨다는 생각에 가슴이 벅차 오를 때가 있다. 타임은 전통적인 지중해 허브의 하나이나, 현재는 유럽 각국과 영국, 미국 할 것 없이 매우 넓게 분포하고 있다. 땅에

낮게 깔리며 자라는 이 요술쟁이 같은 허브는 잎이 말려 올라가듯 작은 손바닥 같이 조밀하게 붙어 있다.

타임향은 채소, 육류, 어패류, 계란 등 어느 것에나 잘 어울리므로 요리의 부향제로 이용되며, 방부 살균력을 이용하여 햄, 소시지, 치즈소스, 토마토케첩, 피클 같은 저장식품에도 보존제로 쓰이며, 수프, 스튜, 샐러드 등에 흔히 이용된다.

4. 소스(sauce)

(1) 역사와 개요

고대 그리스인, 로마인들은 소스를 사용하였으나 그들의 요리방법은 현대와 전혀 관련이 없고 게다가 소스의 사용이 부적합하였는데 예를 들어 고기를 위한 소스와 양송이를 위한 소스 두 가지가 있다. 이 두 가지는 너무 맵고 얼얼해서 본래의 음식 맛을 변화시켰다.

그래서 고대 로마의 요리는 제각기 개성이 있고 완전히 다른 맛을 내기 위해 연구하는 것을 최고의 가치로 여겼다. 사회적 조건이나 지리적 조건에 따라 여러 가지의 각기 다른 재료 등을 이용하여 다양한 요리를 만들게 되었다. 또한 설탕 등 단맛을 내는 재료가 요리의 마지막 과정에 많이 사용되었다. 17세기경 미식가들은 하나의 요리에 하나의 소스를 사용하는 것을 원칙으로 하였다. 그래서 소스는 모든 종류의 생선류, 조육류, 채소류에 동반되는 정교한 미와 섬세한 맛을 형성시키는 훌륭한 요리의 하나였다. 그러므로 소스를 완벽하게 만드는 것은 요리에서 최고의 예술로 여기게 되었다. 또한 소스는 냉장기술이 없었을 때 음식이 약간 변질되었을 때의 맛을 감추기 위하여 만들었다는 설과 품질이 좋지 않는 고기의 맛을 돋우기 위하여 조리사들이 만들어 낸 것이라고 한다. 그 어원은 소금을 기원으로 한 조미용액을 의미하는 라틴어의 Sal에서부터 유래되었으며 프랑스, 영국, 일본에서는 sauce, 이탈리아, 스페인에서는 salsa, 독일의 경우 sosse, 중국 인도에서는 각각 zhi, chatni로 불리고 있다.

우리나라의 경제기획원에서 작성한 한국표준산업분류에는 소스에 대한 정의는 없고 조미료 및 식품참가물 제조업 중의 혼합 조제 조미료 제조업 부분에 혼합 소스제조라고 간단히 명시되어 있으며 식품공전(Ⅰ)상에는 소스류라 함은 동식물성 원료에 향신료, 장류, 당류, 식염 및 식초 등을 가하여 혼합한 것이나 또는 이를 발효 숙성시킨 것으로써 식품의 조리 전후에

품미 증진을 목적으로 사용되는 것을 말한다고 정의되어 있다. 따라서 소스는 서양조리에서 맛과 색상을 부여하여 식욕을 증진시키며 재료의 첨가로 영양가를 높이며 음식이 조리되는 동안 재료들이 서로 결합되게 하는 역할을 한다.

또한 소스는 주 요리와 조화가 잘 이루어져야 하며 주 요리가 흰색이면 흰색소스, 갈색이면 갈색소스를 제공하는 것이 좋다. 소스는 요리의 맛과 외형 그리고 수분의 함유정도를 결정하기 때문에 소스는 서양조리에서 대단히 중요하다.

(2) 소스의 분류

소스의 종류는 방대하여 수백 종에 이르기 때문에 모두 기억하는 것은 어렵다. 그러나 기본이 되는 소스를 정확하게 배우고 익히면 그 다음에 파생되는 소스는 응용소스로 만들 수 있다. 그 수백 종에 달하는 소스를 창안해 낸 사람과 지명, 재료 등에 따라 소스의 명칭이 붙여지고 있다. 사회적 조건이나 지리적 조건에 따라 여러 가지의 각기 다른 재료 등을 이용하여 다양한 요리를 만들게 된다.

그 외에도 경제 생활, 종교 활동에 따라 여러 종류의 요리가 있겠으나 요리의 형태는 가정요리, 중산층요리, 예술요리, 지방요리, 산업요리, 집단요리 등으로 나눌 수 있다. 그러므로 이에 따른 요리의 가치와 질은 소스에 의해 결정된다.

소스의 분류는 17세기부터 프랑스에서는 차가운 소스와 더운 소스 분류하였으며 그 후 모채 소스와 파생 소스를 구분하면서 다시 갈색 소스와 흰색 소스를 체계화시켜서 수많은 소스를 만들었다. 소스의 분류는 엄격히 말해서 재료 한 가지가 달라져도 소스는 재분류되어야 하며, 어떤 원칙과 철칙이 있는 것이 아니다. 다만 소스의 개념을 터득하고 모채 소스를 정확히 이해하면 파생소스에 어떤 재료를 첨가하느냐에 따라 소스는 변하게 된다.

일반적으로 색에 의한 분류, 용도별에 의한 분류, 기초 소스에 의한 분류, 맛과 색에 의한 분류, 주재료 사용에 의한 분류로 구분할 수 있다. 다음은 주재료에 의한 분류이다.

1) 갈색 소스류 - Brown Sauces(Sauces brunes)

갈색 소스는 가장 중요한 소스 중에 하나이며, 뼈, 채소를 오븐에 넣고 색을 내어 갈색 육수를 만든 다음 여러 가지 재료를 첨가하여 만든 소스이다. 기본 스톡과 응용기본 갈색소스 및 가장 중요한 응용 소스에 대한 관계를 다음과 같이 도표로 나타냈다.

기본 재료 스톡	Brown Stock (Fond brun)	White Stock (Fond blanc)
주 기본 갈색 소스	Partially-bound Brown Stock(Fond brun lie)	Tomato Sauce
응용 기본 갈색 소스	Reduced Brown Stock(Demi-glace)	Portuguese
중요한 응용 소스 류	Bigarade Orange Sauce Bordelaise Wine Sauce Brown Chaud-froid Sauce Brown Cream Sauce Charcutiere Sauce Colbert Sauce Deviled Sauce Diane Sauce Duxelles Sauce Gratin Sauce Hunter' s Sauce Italian Sauce Madeira Sauce Marrow Sauce Pepper Sauce Perigueux Sauce Piquante Sauce Port Wine Sauce Robert Sauce Roebuck (venison) Sauce Salmi Sauce Tarragon Sauce Tortue Sauce Wine Merchant' s Sauce Zingara Sauce	Provencal

※ Classical Cooking The modern Way p. 304

2) 백색 소오스류 White Sauces - Sauces blanches

기본 백색 소스를 이용하여 여러 가지 많은 소스를 만들 수 있다. 송아지 스톡으로 만든 백색 소스류, 생선 스톡으로 만든 백색 소스류, 가금류나 채소 스톡으로 만든 백색 소스류 등 여러 백색 소스가 가능하다. 소스는 항상 그에 상응하는 스톡을 사용하여 만들어야 한다. 한 예로써, 생선에 곁들여 내는 타라곤 소스는 생선 스톡으로 만들도록 한다. 다음은 주 기본 백색 소스와 응용 기본 백색 소스 및 가장 중요한 그 응용 소스류에 관한 관계 도표이다.

기본재료 스톡	White Stock	Chicken Stock	Fish Stock	Milk
중요한 기본 소스 류	Veal White Basic Sauce	Chicken White Basic Sauce	Fish White Basic Sauce	Bechamel Sauce
응용 기본 소스 류	Allemande Sauce	Supreme Sauce	White Wine Sauce	
가장 중요한 응용 소스 류	Caper Chaud-froid Chive Chivry Curry Horseradish Mushroom Poulette Tarragon	Albufera Mushroom Tarragon Toulouse	Anchovy Bercy Caper Cardinal Chaud-froid Diplomat Fine Herb Lobster Normandy	Aurora Chantilly Cream Horseradish Mornay Nantua

※ Classical Cooking The modern Way p. 305

3) 유지 소스

유지소스는 식용유 계통과 버터 계통소스로 구분되는데 대표적인 소스가 마요네즈와 프렌치 드레싱(식초소스)이다.

	Butter Sauce		Oil Sauce	
기본소스	Hollandaise	Bearnaise	Mayonnaise	Vinaigrette
	Maltaise Mousseline	Choron Foyot Rachel	Green Remoulade Russe Tartar	Fisherman's Norwegian Ravigote

※ Classical Cooking The modern Way p. 309

5. 소스의 종류별 특징

(1) 갈색 육수 소스(Brown Sauce)

갈색 육수 소스는 가장 중요한 소스이며 육류의 뼈와 채소를 오븐에서 볶아서 색을 내어 갈색 육수(brown stock)를 만든 다음 여러 가지 재료를 첨가하여 기본 소스를 만들어 베이스 소스로 쓴다. 갈색 소스의 기본 소스로는 demiglace, espagnole 등이 있으며 미국과 유럽 등지에서는 송아지 뼈로 만든 brown stock을 농축시킨 폰드보(fond de veau)도 있다. 소스의 맛은 밀가루 첨가를 적게 하여 맛의 감각이 부드럽고 농도가 흐르는 크림 정도가 좋다. 또한 갈색 육수 소스가 가지고 있는 독특한 향미는 향신료의 성분과 채소(mirepoix) 등이 배합되어 만들어진다. 서양 조리에서 스톡을 만드는 방법은 천천히 끓이면서 거품을 걷어내어야만 소스(sauce)의 색도 곱고 기름기도 적다. 우리나라 곰탕에서 펄펄 끓이는 방법과는 대조적이다. 따라서 갈색 소스는 요리상의 풍미를 손상시키는 일이 없이 감칠맛과 향미를 더해주고 영양이 풍부하여야 한다. 이 밖에도 조리장의 특성에 따라 다양한 파생 소스를 만들 수 있을 것이다.

(2) 흰색 육수 소스(White Sauce)

흰색 육수 Sauce로는 기본 White Stock에 Roux를 풀어서 만든 Veloute Sauce와 우유와 양파, Roux를 주재료로 만든 Bechamel의 Sauce가 있다. Veloute Sauce는 그대로는 모체 Sauce이기 때문에 감칠맛을 증가시킬 수 있다. Bechamel Sauce의 창시자로는 Louis de Bechameil이라고 하는 후작으로 알려져 있는데 그 내용을 보면 'Sauce를 걸쭉하게 하기 위해서는 냄비 바닥에 그것들이 눌어붙지 않도록 주걱으로 잘 저어주면서 소스를 걸쭉하게 만든다. 잘 농축되었다고 생각되면 향료를 넣고 약간 더 끓인 후 불에서 내린 다음 색깔을 희게 하기 위해서 버터와 크림을 몇 숟가락 넣고, 갈은 육두구를 조금 넣고 고운 천에 거른 다음 중탕냄비에 넣어 따뜻하게 데운다' 라고 설명하고 있다.

이 밖에 기본 White Sauce에서 첨가된 재료에 따라서 Sauce의 이름은 다양하게 변화될 수 있으며, 생선요리에는 Fish Stock에서 만든 White Wine Sauce, 가금류 요리에는 Chicken Stock에서 파생된 Supreme Sauce, 육류에는 White Stock에서 Allemande Sauce 등 기본 재료에서 만든 Sauce로 기본재료 요리에 사용하면 가장 좋다. 하지만 이는 절대적인 것은 아니며 조리장의 특성에 따라 달리 사용할 수도 있다.

(3) 유지 Sauce

유지 Sauce는 식용유 개통과 버터 개통의 소스로 구분할 수 있다. 식용유 개통의 Sauce로는 Mayonnaise Sauce와 Vinaigrette Sauce로 대별되는데 대부분 Salad와 Appetizer 요리에 사용하고 있다. Mayonnaise는 식용유와 Egg yolk에 식초와 겨자를 첨가하여 만든다. 옛날에는 조리사들이 직접 만들어 사용하였지만 요즈음에는 가공품을 이용하고 있다. Mayonnaise에서 파생된 Sauce가 Thousand Island Sauce와 Tartar Sauce이다. Thousand Island Sauce는 샐러드에 많이 사용하며 Tartar Sauce는 생선요리에서 많이 이용하고 있다. Vinaigrette Sauce는 식초와 올리브기름을 많이 사용하는데 대부분의 비율은 기름 대 식초가 3:1 정도이다. 여기에 향초(herbs)를 첨가하여 기본 Vinaigrette Sauce를 만들고 첨가된 재료에 따라서 파생 Sauce가 된다.

버터 개통의 소스로는 Hollandaise Sauce와 Bearnaise Sauce를 모체 Sauce로 많이 사용하고 있는데 Hollandaise Sauce는 Mayonnaise Sauce와 비슷하게 Egg yolk과 정제된 버터를 사용하여 만든다. 여기에 Tarragon leaf를 첨가함에 따라 Bearnaise Sauce로 구분하고 있다. 이들 모체 Sauce에서 첨가된 재료에 따라서 파생 Sauce로 구분하고 있으며 이들 Sauce는 Gratinating 요리나 생선요리에서 많이 이용하고 있다.

6. 스톡(Stock)

(1) 찬물(cold water) 이용

스톡은 찬물에서 핏물을 제거한 다음 찬물에서 천천히 끓여야 하며, 뼈 속의 영양성분을 잘 뽑아내기 위하여 소금을 넣지 말고 끓여야 하는데 이는 찬물이 식품 중에 있는 맛, 향 등 요리의 질을 향상시키는 식품의 성분을 잘 용해시켜 준다.

(2) 낮은 불에서 시작

서양요리에서 스톡을 맑게 뽑아서 소스나 수프에 이용하여야 하므로 센 불로 스톡을 끓이면 혼탁하게 된다. 따라서 낮은 불로 은근히 끓여야 맑은 스톡을 얻을 수 있고, 또한 뼈, 근육, 섬유질 속에 있는 단백질, 무기질 등은 찬물에 비교적 잘 용해되며 낮은 불로 서서히 끓여 주면 정화 작용이 활발하여 스톡의 혼탁도를 줄일 수 있어 맑은 육수를 얻을 수 있다. 스톡의 혼탁도는 일반적으로 센 불로 가열함으로써 발생한다. 왜냐하면 강한 불로 가열하면 정화 작용을 하는 이들 요소가 식품 속에 나오지 못한 상태에서 강한 열로 인하여 고기, 뼈의 섬유 조직이 파괴되기 때문이다. 또한 육류의 세포 속에 존재하는 피는 계란 흰자로 정화시킬 수 있다.

(3) 거품 제거(skimming)

센 불로 스톡을 끓이게 되면 거품은 스톡 속으로 숨어버리고 나중에 식히게 되면 다시 나오는데 이를 제거하기 위하여, 약한 불로 천천히 끓이게 되면 거품 제거하기에 쉽고, 따라서 스톡의 혼탁도를 줄일 수 있는 아주 중요한 방법이다. 특히 처음 스톡을 가열하여 끓일 때 발생하는 거품과, 지방, 기타 불순물을 완전히 제거하여야 하며, 향신료와 채소는 첫 거품 제거 작업이 끝난 다음 첨가하는 것이 좋다.

(4) 약한 불로 줄이기(simmering)

스톡 및 수프, 소스를 끓일 때는 불의 강도를 조절하는 것이 가장 중요하다. 즉 대류 작용이 스톡, 소스를 끓이는 용기 속에서 발생하도록 하여야 하며, 그 세기는 너무 지나치지 않게 하여야 한다. 만약 대류 작용이 일어나지 않는다면 용기의 밑부분에 내용물이 퇴적하여 시간이 경과되면 탈 우려가 있다.

(5) 스톡 걸러내기 및 관리 방법

스톡은 걸을 때도 주의하여 하는데, 일단 완성된 스톡은 내용물과 국물을 서로 분리해야 한다. 스톡을 깨끗하고 투명하게 유지하기 위해서는 국물 속으로 채소나 뼈, 다른 불순물이 섞이지 않도록 해야 한다. 최근에는 스톡 포트가 구조적으로 잘 되어 있어 바닥에 붙어 있는 꼭지로 국물을 분리하면 쉽게 스톡을 걸러낼 수 있다. 그러나 이러한 스톡 포트가 준비되어 있지 않을 때에는 스톡 생산에 사용된 뼈와 채소 등의 내용물이 부서지지 않도록 조심스럽게 국물을 분리하여야 한다.

1) 냉각

스톡이 완성되면 빨리 식혀서 냉각시켜야 변질을 방지할 수 있는데, 비프 스톡은 냉각하게 되면 기름이 굳어지기 때문에 제거하기 쉽다. 스톡은 거의 모든 요리에 기본적으로 사용하므로 스톡의 생산은 대량으로 이루어진다. 이렇게 한꺼번에 대량으로 생산되면 사용할 때까지 얼마 기간 동안 저장을 해야 한다. 무엇보다 냉각 상태가 양호해야 안전하게 스톡을 보관할 수 있다.

2) 저장

일단 냉각된 스톡은 뚜껑이 있는 용기에 옮겨 담아 냉장고에 보관하게 된다. 냉장고에서 보관하며 냉각이 된 스톡을 담은 용기 뚜껑에는 만든 날짜와 시간을 기록하여 객관적으로 스톡이 생산된 시기를 알 수 있도록 한다. 스톡을 더 오랜 시간 저장하고자 할 때는 냉동시켜 보관한다. 냉장 보관 스톡은 3~4일 내에 사용하고 냉동 보관된 스톡은 5~6개월까지도 보관이 가능하다.

7. 소스에 사용되는 부재료들

(1) 농도를 내는 재료

소스는 적당한 농도가 있어야 하는데, 소스를 만들 때 여러 가지 농도를 내 농후제(thickeners)를 사용하며, 이로써 완성된 음식의 형태나 맛, 질감을 최대한 효과적으로 나타내어 음식의 완성도를 높인다. 또한 농후제의 적절한 보관을 위해서는 완전히 밀봉한 채로 건조한 장소에 보관해야 한다.

1) 루(Roux)

루는 밀가루와 버터를 동량으로 두꺼운 팬 위에서 만들어지는 소스의 농도를 맞추는 가장 대표적인 형태이다. 그러나 최근에는 루보다는(일정시간이 지나면 소스의 농도가 다시 묽어지므로) 칡전분이나 옥수수전분과 같은 순수한 전분을 사용하여 농도를 낸다. 재료가 스톡에서 잘 풀리게 하기 위하여 차가운 스톡에서 끓이는 것이 좋다. 루의 색깔에 따라 다음과 같이 분류된다.

★ 화이트 루(White roux)

화이트 루는 색상으로 루를 볶아 고소한 맛이 나며 농도의 세기가 강해 소량 사용해도 충분히 농도를 조절할 수 있다. 화이트 계열의 소스와 크림 스프에 이용된다.

★ 페일 루(Pale roux)

페일 루(pale roux)는 버터에 밀가루를 살짝 볶아 색상이 거의 나지 않은 상태로 아이보리 색상 계열의 소스와 스톡에 사용된다.

★ 부라운 루(Brown roux)

낮은 불에서 오랫동안 볶아 짙은 갈색의 고소한 맛과 향을 내는 루를 말한다. 농도는 아주 약하고 브라운소스에 효과적으로 사용된다.

2) 버러 마니에(Beurre manie)

부드러운 버터에 같은 양의 밀가루를 반죽하여 볶지 않은 혼합물을 말한다. 소스(sauces)나 그레이비(gravies)에 섞어 완전히 녹을 때까지 저어 준다. 끓고 있는 뜨거운 상태의 스톡이나 음식에서도 덩어리가 잘 풀리는 장점이 있으나 센 불에서 오래 끓이면 분리현상이 일어나기 때문에 마지막 조리단계에 소량 사용하는 것이 좋다.

3) 버터 몽테(Butter monte)

부드럽게 녹은 말랑말랑한 버터로 소스의 농도를 맞추는 방법이다. 버터가 분리되지 않게 하기 위해서는 소스를 사용하기 직전에 버터를 넣어야 한다.

4) 전분(Slurry)

전분을 소스의 농도를 내는데 가장 많이 사용되는 재료들로 갈분(arrowroot), 옥수수 전분(corn starch), 감자 전분 등을 찬 액체(물, 육수, 우유)에 덩어리 생기지 않게 잘 분산시킨 것으로 끓는 상태의 액체(소스, 수프)에 넣어 농도를 조절하는데 사용된다. 최근에는 지방 함량이 높고 진한(heavy) 맛의 버터, 밀가루 대신 light한 전분을 많이 사용하고 있는 추세이다. 전분마다 성질이 다르므로 이런 조건들을 다 파악한 후 사용할 전분을 결정해야 한다.

5) 채소 퓨레(Vegetable puree)

수프나 소스를 만들 때 전분질이 많은 식재료를 사용하여(채소류, 즉 토마토, 감자, 당근) 음식의 농도를 맞추는 식재료를 조리한 후 이것을 체에 내려 농축하여 그 자체가 농도를 가질 수 있도록 하는 것을 말한다. 최근에 많이 사용하는 추세로 음식의 맛과 향, 영양적으로 가치를 높일 수 있다.

6) 크림(Cream)

크림은 유지방이 18~40%를 차지하는 유제품으로 부드러운 맛과 함께 농도 조절을 위해서 백색 계열의 소스에 많이 사용된다.

7) 조림 혹은 농축(Reduction)

액체식품을 오래 동안 끓여서 농도를 조절하는 가장 손쉬운 방법으로 불 위에서 적절한 농도가 날 때까지 가열하여 액체의 양을 조절하여 농도를 내는 것을 말한다. 특히 단백질 급원 식품이 식재료로 이용되는 경우(protein based) 보다 쉽게 농도를 낼 수 있다.

(2) 향을 내는 재료

1) 미르 포와(Mirepoix)

향기가 좋은 채소들로 양파, 당근, 셀러리의 배합물인 Mirepoix는 소스의 제조시에 필수적이다. Mirepoix는 요리의 종류에 따라 크기를 달리 하는데 Fish Stock과 같은 짧은 조리시간을 요하는 것은 Slice하고 Brown Stock과 같이 긴 시간을 요하는 조리는 크게 잘라서 사용한다. 기본적으로 양파 50%에 당근과 셀러리가 각각 25%이며 경우에 따라서는 Mirepoix에 다른 재료들을 첨가할 수 있다. 여기는 White Mirepoix는 당근 대신에 파스닢, 대파를 사용하기도 하며 때로는 양송이를 이용하기도 한다. 이와 같은 Mirepoix를 Sauce에 사용하는 목적은 영양가의 증가 외에도 이들 채소들의 독특한 향들을 Sauce에 우러나오게 하여 궁극적으로 Sauce의 풍미의 증가에 목적이 있다.

* 양파

양파는 중앙 아시아가 원산지로 고대 이집트에서는 피라미드 건설의 노동자가 대량으로 소비했다고 한다. 양파는 황화아릴을 함유하여 특유한 자극취와 매운맛이 있어서 고기요리에 적합하다. 유럽에서는 각종 스프요리에도 사용되어지며 또한 양파는 당질을 함유하는 외에 비타민 C가 풍부하며 비티민 B_1의 흡수도 좋게 하여 소화 흡수를 돕는 작용도 한다.

* 파스닢(Parsnip)

이것은 양파와 파슬리 뿌리의 교잡종으로 파스닢의 모양은 당근과 비슷하다. 속은 아주 가는 나무결로 되어 있어 부드러우며 하얗다. 또한 달고 고소하며 스파이스 향을 가지고 있어 셀러리 향과 같으며 이 뿌리는 보통 양념으로 사용되며 채소 스프나, 채소로 이용하기도 한다.

* 셀러리

지중해 연안 중동에 이르기까지 야생종이 분포되어 있으며, 처음에는 냄새제거, 약용으로 이용되었으며 17세기에 식용으로 이용되기 시작했다. 특히 독특한 맛과 향은 줄기, 잎, 씨에서 나오는 휘발성 기름 때문이다. 셀러리의 종류로는 녹색, 황금색으로 색안의 유형에 의해 분류된다. 셀러리는 에피타이저(Appetizer), 셀러드, 채소로 사용되고 스프, 소스에 많이 이용되고 있다. 특히 비타민 B_1, B_2, 칼슘을 많이 함유하고 있다.

* 당근(Carrot)

대표적인 유색채소인 당근은 아시아형과 유럽형으로 대별되며 많은 용도로 쓰이는 채소이며, 다른 식품과 요리하거나 단독으로도 사용되고, 날 것, 익힌 것 어느 것으로도 요리할 수 있다. 또한 당근은 비타만 A의 함유량은 채소중에 뛰어나며 그 밖에 비타민 B1, B2, C를 함유한다. 당근의 비타민 A는 지용성이기 때문에 기름과 함께 조리하는 편이 효율적으로 섭취할 수 있다.

2) 부케 가르니(Boquet garni)

부케가니는 불어로 향신료 다발이라는 의미로 스톡이나 소스의 향을 좋게 하기 위하여 허브와 채소를 다발로 묶은 것을 말한다. 주로 파슬리 줄기와 다임, 로즈마리, 월계수잎, 대파, 샐러리 등을 조리용 실로 묶어서 스톡이나 소스를 끓일 때 넣는 것을 말한다.

3) 향신료 주머니(Sachet d' epices)

향신료 주머니를 불어로 사셰 데피스(Sachet d' epices)라고 하는데, 고운 천에 향신료(월계수 잎, 통후추, 다임, 로즈마리 등)를 넣어서 묶은 다음 스톡이나 소스에 사용한다.

4) 양파 피케(Oignon pique)

양파를 반으로 잘라서 월계수잎과 정향을 양파에 밖아서 베샤멜소스(bechamel sauce)를 만들 때 우유에 넣어서 향을 내게 하는 것이다.

5) 마르네이드(Marinades)

원래 마르네이드는 질긴 고기를 부드럽게 하기 위하여 식초, 허브, 향신료, 기름을 사용하였지만, 육류 및 생선에 충분한 숙성과 잡냄새를 제거하고 향 좋은 맛이 배도록 하고 있다.

(3) 색을 내는 방법

음식을 시각적으로 보기 좋게 하여 식욕을 촉진시키기 위하여 식품이 갖는 고유의 색을 최대한 살려서 음식을 만드는 것이 조리사의 목표이다. 이를 위하여 맛, 향미, 외관적인 형태, 질감과 함께 맛을 평가하는 항목에 속하기도 한다. 우리는 이처럼 시각적인 맛을 최대화해서 음식의 상품으로서의 가치를 높이기 위해 식품자체가 갖고 있는 고유한 색상 이외에 목적에 따라 색을 조절해야 하는 경우도 있다. 이때 이용될 수 있는 방법을 다음과 같이 요약할 수 있다.

1) 천연의 색소이용

식품자체가 가지고 있는 천연색소는 인공색소와는 달리 우리가 일상으로 먹는 식품에서 추출한 것으로 식품이 가져다주는 안전성과 신뢰성이 높기 때문에 오래전부터 우리의 조상들이 사용해 온 바 있다. 음식에 자주 이용하는 천연색소는 치자, 쑥 추출물과 이태리 파스타 요리에 사용되는 토마토, 시금치, 사프란, 바질 등의 추출물, 오징어에서 추출되는 먹물 등을 들 수 있다.

2) 루(Roux)의 이용

루(roux)는 소스의 농도를 맞추기 위해 사용되나 소스의 색을 내기 위해서도 이용된다. 루의 색상은 얼마나 오래 볶느냐에 따라 달라지는데, white roux는 색상 자체는 하얗기 때문에 화이트 계열의 소스와 수프에 이용되고, pale roux 아이보리 색상 계열의 소스와 갈색의 brown roux는 브라운 계열의 소스를 만드는데 효과적으로 사용된다.

3) 구운 양파(Oignon brule)

양파를 반으로 잘라서 프라이 팬이나 오븐에서 검은색이 날 때까지 굽는 것을 말하는데, 캐러멜화한 것으로 음식에 색상과 맛, 향을 주며, 주로 콩소메 수프(consomme soup)를 만들 때 수프에 넣어서 색을 내는데 사용된다.

4) 뼈를 오븐에 로스팅(Roasting) 방법

스톡이나 소스를 만들 때 뼈를 오븐에서 로스팅하는데 로스팅 정도에 의해 수프의 맛과 색상이 결정된다. 화이트 스톡에 사용되는 뼈는 오븐에서 넣어 구울 때 가능하면 살짝 구워야 하고, 브라운 스톡을 이용한 브라운 소스를 끓일 때에는 뼈를 갈색으로 구워 사용하여야 한다. 보통 스톡은 뼈와 물(스톡), 채소(mirepoix), 향신료(aromatics)로 구성되고, 종류에 따라 토마토, 양송이, 포도주, 토마토 페스트 등을 넣어서 소스나 스톡의 색상을 부여하고, 채소(mirepoix)도 색상을 부여하기 위하여 볶아서 사용한다.

8. 기본 조리법

(1)조리 방법

인류가 불을 발견한 후부터 식품을 조리하여 음식을 만들어 먹기 시작하였는데 역사가 흐름에 따라 조리기술이 발달하여 현재에 이르렀다. 조리란 식사계획, 즉 식단 작성으로부터 출발하여 식품재료의 선택, 준비, 조리과정을 거치면서 식품에 물리적 조리 단계와 가열조리 단계과정을 거쳐 조미를 통해 맛있는 음식으로 완성하여 식기에 담아 식탁에 내기까지를 말하는 것이다. 하지만 조리는 크게 생식조리와 가열 조리로 대별되지만, 조리와 관련된 일련의 전 과정을 일컫는 말의 가장 주된 조리단계는 열에너지를 이용한 가열조리를 말한다. 즉 식품재료를 익히기 위해서는 가열 조리하는 것이 필요하다. 따라서 가열조리와 관련된 조리기술에 대한 원리의 이해는 실제 조리과정에서 우리가 원하는 음식을 완성(조리)해 내는데 보다 쉽게 접근할 수 있게 해 줄 것이다. 가열 조리기술은 크게는 건열조리와 습열조리로 나눌 수 있으나, 조리 시 이용하는 매개체에 따라 다음과 같이 4가지로 구분할 수 있다.

조리법의 종류

<table>
<tr><th colspan="5">Heat Cooking</th><th rowspan="2">생물조리</th><th rowspan="2">생물조리 또는 가열 조리 병용</th></tr>
<tr><th colspan="2">Cooking Method</th><th></th><th></th><th></th></tr>
<tr><td rowspan="2">Moisture Cooking</td><td>조림국물 또는 물속에서 가열한다.
가열온도 100℃</td><td>Stew</td><td>삶은 것
Stock
전골</td><td rowspan="4"></td><td rowspan="4">회
초나물
겨자채
생채
salad
쌈</td><td rowspan="4">초나물
나물
생채
salad
음료</td></tr>
<tr><td>수증기 속에서 가열한다.
가열온도 100℃, 식품에 따라 85~90℃</td><td>Steam</td><td rowspan="3">찜구이
전
볶음</td></tr>
<tr><td rowspan="2">Dry Cooking</td><td>식품을 방사열 또는 금속판의 열로 가열한다.
가열온도 150~250℃</td><td>Grill
Roasting</td></tr>
<tr><td>적온의 유중(油中)에서 가열한다. 가열온도 150~190℃</td><td>Deep
Fying</td></tr>
<tr><td>Miwcaovoe</td><td>식품의 가열온도 100℃까지</td><td colspan="5">전자레인지에 의한 조리</td></tr>
</table>

1) 생식 조리

식품자체에 가지고 있는 고유의 맛을 있는 그대로의 감촉과 맛을 느끼기 위한 조리방법으로 식품의 조직과 섬유가 부드러워야 하고 불미 성분이 없어야 한다. 육류로는 쇠고기의 육회, 생선회 등이 있고, 식물성 식품으로는 채소와 과일 등을 이용한 생채, 겉절이, 샐러드 등이 있는데, 취급할 때 깨끗이 하여야 위생적으로 안전하다. 또한 생식조리에는 무침을 들 수 있는데 이는 전처리한 어패류나 채소에 혼합 조미료를 넣고 섞는 것으로 날 채소를 사용할 때는 김치처럼 소금으로 탈수시켜 사용한다.

* 생식조리의 특징을 살펴보면 다음과 같다.
  - 식품의 영양 손실을 최대한 줄일 수 있다.
  - 식품이 가지고 있는 고유한 풍미를 살릴 수 있다.
  - 소화 흡수가 잘되고 식품의 촉감을 살릴 수 있다.
  - 위생적으로 취급하지 않으면 병원균의 오염으로 피해를 입을 수 있다.

2) 가열 조리

가열 조리는 조리 방법에서 중요한 단계로서 가열하는 동안 식품의 성분은 복잡한 변화가 일어난다. 즉 물리화학적인 변화로 인하여 전혀 다른 맛, 모양, 촉감을 가지게 되는데 이는 단백질의 변성, 지질의 용해, 전분의 팽윤과 호화, 갈변화로 인한 향기와 색 등이 변하고 조미료의 첨가로 풍미가 증진되기도 한다. 가열조리에는 건열조리와 습열조리, 극초단파(전자레인지)가열로 구분할 수 있다.

① 건열조리법(Dry-heat cooking)

건열조리법은 열의 전달 매체로 뜨거운 가스나 전기를 사용하여 공기의 복사에너지를 이용하는 방법으로 조리과정에서 수분이나 오일을 이용하지 않고 건조한 열로 조리하며, 음식재료로부터 수분이 생겨도 고온조리를 통해 빠른 시간 내 증발되도록 하는 조리법을 말한다.

* 브로일링(Broiling)

직접구이의 열원은 복사열로 석쇠나 브로일러를 사용하여 조리할 식품을 위에서 불이 직접 굽는 방법으로 조리되는 동안 수분이나 기름이 떨어져 연기와 불꽃으로 식품을 그을리게 된다. 열원으로는 탄화가 잘되고 화력이 강한 것이 좋다. 또한 불의 온도는 높으나 식품의 전

면을 고르게 가열하지 못하고 부분적으로만 가열하게 되어 타게 되는 경우가 많다. 그러나 불고기와 바비큐 같은 음식은 적당한 훈연 효과로 인한 맛이 좋아진다.

*** 그릴링(Grilling)**

열원이 아래에서 위의 식품을 직접 전달하는 복사열 또는 전도열로 철판이나 후라이팬 등을 놓고 그 위에 식품을 놓아 가열하게 하게 된다. 금속판의 온도는 열원의 온도까지 올라가므로 열원에 접촉에 접촉된 아랫부분은 온도가 높은 반면 윗부분은 열을 받지 못하여 온도가 낮다. 따라서 식품을 위아래로 뒤집어 주어 가열 면을 바꾸어 주고, 덩어리가 큰 식품은 처음은 높은 열을 사용하고 나중은 열을 낮추어서 천천히 오랫동안 구워야 식품의 속까지 익힐 수 있다. 반면 덩어리가 작은 식품은 높은 열을 사용하여야 고기의 경우 육즙의 유출을 줄일 수 있어 고기가 다즙하여 맛이 좋게 된다.

이 방법으로 조리한 음식의 외관은 약간 그을러진 상태로 좋은 향미를 느낄 수 있으며 내부는 수분이 균일하게 분포되어 아주 다즙하다.

*** 조리방법은 다음과 같다.**

① 그릴(Grill)이나 브로일르(broiler) 쇠솔로 깨끗이 청소하고 적절한 온도로 예열한다.

② 식재료를 마리네이드(marnide)하고, 혹은 오일을 발라 건조되는 것을 막는다.

③ 조리하는 동안에 주의할 점은 고기를 포크로 찌르지 않도록 해야 한다. 왜냐하면 포크로 찌르면 고기 속에 모여 있던 육즙이 흘러 나와서 고기가 푸석하게 된다는 것이다.

또한 조리는 식사 제공 직전에 요리해야 하며 고기 두께에 따라 조리테크닉을 달리해야 한다는 것이다. 즉 고기 두께가 얇을 경우(1cm 이하) 가능한 고온, 단시간 조리하여 육즙이나 향미성분의 손실을 최소화해야 한다. 고기두께가 중간 정도(3.5cm 이하)인 경우는 조리 시작 시에는 고온에서 시작하여 조리를 끝낼 때는 낮은 온도로 마무리하는 것이 좋다. 그리고 고기 두께가 3.5cm 이상인 경우는 처음에 먼저 고온에서 sear한 후 익히기는 oven에서 조리하는 것이 좋다.

* 오븐 구이(Roasting & Baking)

오븐 내의 열전달은 대류, 복사, 전도의 세 가지 방법이 복합적으로 일어나지만 그 비율은 명확하지 않다. 몇몇 연구자들에 의하면 강제 대류식 가스 오븐에서는 대류에 의한 것이 많고 전기 오븐에서는 복사, 자연 대류식 가스 오븐에서는 그 중간에 해당된다고 하고 있다. 오븐구이의 대표적인 것은 베이킹(baking)과 로스팅(roasting)으로 나눌 수 있는데 베이킹(baking) 오븐의 온도를 식품의 요리목적에 맞게 요구된 온도를 맞추고 오븐 안에서 모울더(mould)를 사용하거나 씨위트(sheet) 혹은 랙(rack)에 식품을 올려놓고 바라던 정도로 구워 낸다. 조리법에 따라서 열을 다르게 조정하며 낮은 온도에서 건조시키는 목적으로도 사용할 수 있다. 주로 제과 제빵에서 많이 이용하고 있다. 로스팅(roasting) 뚜껑이 없는 팬(Pan)에 받침대를 놓고 그 위에 식품을 놓고 건열에 의해 조리하는 것을 말하며 로스팅은 150~170℃의 온도에서 조리된다. 여기서 사용되는 컨벡션 오븐(convection oven)이 열을 오븐 안에 골고루 전달하기 때문에 식품 전체를 잘 익게 한다. 또한 로스팅에 사용되는 고기는 연한 것이 좋고 건열 조리되는 동안 식품이 캐러멜화(caramelization)으로 변화되어 풍미(flavor)가 더욱 좋다.

② 오일매개체 조리법

열에너지의 전달매개체로 오일을 사용하는 방법으로 식품을 튀기거나 볶거나 하는데 이용되며 식품자체의 수분이 제거되므로 조리된 음식은 다른 조리방법에 비하여 풍미와 질감이 다를 수 있다. 오일사용량에 따라 조리테크닉이 다른데, 적은 기름을 단시간에 볶아내는 소테(sauteing)와 주재료가 완전히 기름에 잠긴 상태로 조리하는 딥 후라이(deepfrying)을 예로 들 수 있다.

* Sauteing(살짝 볶음)

소테는 건열 조리방법 중에서도 전도열에 의한 대표적인 조리방법이다. 먼저 열원으로부터 열이 충분한 열이 전달되도록 소테 팬에 적은 양의 기름을 놓고 조리용 난로(stove)에 얹어 예열한 다음 음식을 넣고 빠르게 살짝 볶는 것을 말한다. 주의할 점은 팬(Pan)의 크기와 식품의 양과 크기가 적당하여야 한다. 적은 팬에 너무 많은 식품을 조리하면 볶기는 것이 아니라 스티밍(steaming)이 된다. 즉 볶아야 할 음식이 찜 요리가 되고 마는 것이다.

* 조리방법은 다음과 같다.

① 모든 재료를 반드시 미리 준비해 둔다.(sauteing는 단시간에 조리가 진행되어야 함)

② 식재료를 충분히 갈색화해서 색을 낸다.(보이고자 하는 면을 먼저)

③ 다 익으면 팬에서 꺼내 따뜻하게 해둔다.

④ 소스가 필요한 경우 소스용 액체를 넣고, 디글레이즈하면서 옥수수 전분과 같은 농도제를 넣고 졸여 소스를 만든다.

* cf : 팬 후라이(pan-frying)와는 자주 같이 쓰이지만 팬 후라이는 많은 양의 기름을 사용하는 것이 다르고 가금류, 큰 생선 등을 오븐의 적당한 온도에서 마무리 짓는 것을 원칙으로 한다.

* Deep-frying(튀김)

튀김은 건열식 조리방법에서 기름의 대류(convection)원리를 이용하는 조리방법으로써 튀김기에 식물성 기름이나 쇼팅을 넣고 지방이 녹을 때까지 93℃의 온도를 맞추어 놓고 다 녹으면 160~180℃의 온도를 유지시킨다. 튀김 온도의 손실과 기름기가 너무 많지 않도록 한번에 조금씩 튀긴다. 또한 한번 튀긴 후 음식이 제공되기 직전에 다시 한번 튀겨야 식품의 겉표면이 바삭바삭하고 조직감과 풍미가 증가된다.

* 조리방법은 다음과 같다.

- 기름의 온도를 원하는 정도까지 가열하여 올린다.
- 식재료에 반죽옷을 입혀 적당한 방법으로 deep fryer에 넣는다.
- 다 익으면 꺼내어 흡수종이 위에 얹어 잉여의 기름을 뺀다.
- 소스가 필요한 경우 소스와 주재료를 따로 담아 서빙한다.

③ 물 매개체 조리법(Moist-heat cooking)

열에너지가 물과 스팀(액체)의 형태로 음식에 전달되는 방식으로 끓는 물에 식재료를 삶아내는 (boiling) 것을 대표적인 예로 들 수 있다.

★ Blanching(데침)

데치기는 본 조리를 하기 위한 준비과정으로써 액체를 이용하여 채소 등을 끓는 물에 순간적으로 넣었다가 건져 흐르는 찬물에 식히는 조리방법을 말한다. 물과 식품의 비율을 10:1로 하며 데치는 목적은 채소, 고기, 뼈나 햄이나 염장돼지고기에서 피와 강한 냄새와 불순물을 제거하기 위한 목적으로 행하며, 푸른색 채소의 경우 색을 선명하게 나타내게 하는 방법으로 이용하고 있으며, 단백질 식품의 경우 단백질을 응고시켜 급격히 부패되는 것을 방지하고 식품의 독소를 빼내는 데 이용하고 있는 조리방법이다.

★ Boiling(삶기와 끓이기)

이 조리방법은 액채를 100℃에서 삶는 방법과 끓이는 두 가지 방법이 있는데 먼저 삶는 방법을 요약하면 식품의 종류에 따라서 찬물이나 뜨거운 물을 넣어 조리한다.

* 뚜껑이 있는 찬물에서

식품의 겉표면이 거칠거나 딱딱해지는 것을 막고 수분을 흡수하여 골고루 익히게 하기 위하여 행하는 방법으로 보통 단단한 재료를 조리하는데 사용된다. 대표적인 조리법으로는 밥짓기와 탄수화물이 많은 뿌리채소와 건조한 채소 등을 삶을 때 알맞은 조리법으로 뚜껑을 덮고 끓는점까지 끓임으로써 식재료의 내부까지 물을 흡수시켜 골고루 익힐 수 있다.

* 뚜껑 없이 차가운 물이나 stock에서

비등점 아래에서 천천히 익혀서 딱딱해지는 것을 방지할 수 있는 장점이 있는 방법으로 감자와 당근 등 뿌리 식품과 달걀을 삶을 때 많이 이용하고 있는 조리법이다.

* 뚜껑을 덮고 끓는 물에서 삶는 방법

식품을 빠르게 익히고 비타민, 무기질 등 영양성분을 보존할 수 있는 장점이 있는 방법으로 적은 물을 사용함으로써 조리시간의 절약할 수 있다.

* 뚜껑 없이 빠르게 끓는 물에서

파스타(pasta) 등의 껍질에 있는 전분이 젤라틴화 되고 끓는 물에서 서로 붙는 것을 막기 위하여 적당한 조리법으로 식재료의 양에 맞추어 냄비를 선택하여 물을 담고 100℃까지 끓이면 된다. 파스타류는 익히고자 하는 정도의 약 85%만 조리한 후 건져서 잔열로 조리를 완성한다.

*** 시머링(Simmering)**

소스나 스톡을 끓일 때 많이 사용하는 조리방법으로 주재료를 액체에 완전히 담그어 조리한다는 점에서는 poaching과 유사하나 더 높은 온도(85~95℃)라는 점, 콜라겐 성분이 많은 질긴 부위를 연화시킬 수 있다는 점에서 차이가 있다. 따라서 질긴 육류, 단단한 뿌리채소, 파스타 혹은 여러 가지 두류 등의 조리에 적합한 방법이다.

처음에는 기공을 닫기 위하여 거품이 나게 하고 온도를 줄여 은근히 끓인다. 끓이는 방법을 요약하면 끓이는 동안에 식품의 변화는 수용성 성분이 용출되고, 액즙의 조미료는 끓이는 시간에 따라서 침투하고, 액즙은 항상 증발하게 된다. 생선, 채소는 다량의 수분을 함유하므로 국물을 적게 넣어 끓이며, 건조한 것과, 수분이 적은 것은 국물을 많이 하여 끓이면 좋다.

*** Poaching(은근히 익히기)**

식품을 물, 스탁(stock), 커르트 부용(court bouillon) 안에 잠기게 하여 뚜껑을 덮지 않고 70~80℃에서 천천히 요리하는 방법이 있고, 생선의 경우 냄비에 버터를 바르고 소금, 후추, 양파찹을 친 다음 포도주를 약간 뿌려 뚜껑을 덮은 다음 불 위에서 익힌 후에 생선을 접시 위에 올려놓고 냄비에 남은 육수에 크림을 넣어서 소스를 만들어 사용하는 방법도 있다.

* cf : poaching은 은근히 요리하는 과정으로 음식이 건조되는 것을 막아 주며 80℃ 이상의 온도에서는 알부민의 손실이 발생한다.

조리방법은 다음과 같다.

① 팬에 조리액체를 넣고 필요한 경우 산(와인, 레몬주스)이나 향신료(허브, 향신료)를 넣고 가열해서 온도를 높인다.

② 여기에 주재료를 넣고(필요한 경우 Stock을 사용하기도) 적절한 온도를 유지하면서 조리한다.

③ 다 익으면 꺼내어 수분이 증발되지 않도록 따뜻하게 보관해 두고 필요한 경우 소스를 만들어 서빙하도록 한다.

4) 복합조리법

복합조리법은 식품의 특성을 향상시키기 위하여 건열조리와 습열조리를 함께 사용하는 방법으로 조리 테크닉의 원리를 모두 응용한 조리법으로 색이나 향을 내기 위해서 건열 조리로 sear한 후 습열조리로 육질을 부드럽게 익히면서 마무리하는 것이다.

* Braising(브레이징)

이 방법은 건열(dry heat)과 습열(moist heat)조리법의 혼합한 방법으로 처음에 그리들에서 색을 내기 위하여 굽는 방법(searing)을 하는 것은 풍미(flavor)를 좋게 하기 위하여 행하여지며, 나중에는 브레이징 팬(braising pan)에 스탁(stock)과 와인(wine)을 채우고 천천히 익히는 것(simmering)은 결체 조직 속의 콜라겐(collagen)을 가수분해시켜서 연하게 하는 목적이다. 따라서 이 요리 방법은 질기고 큰 덩어리 고기가 적당하다.

또한 뚜껑을 덮고 조리하다가 가끔씩 액체를 고기 위에 부어 주면서 스톡이 줄어들면 소스(sauce)로 사용하면 좋다.

* Stewing(스튜)

이 방법은 브레이징 조리방법과 비슷하며 식품의 크기가 작은 조각으로 하며 가니쉬(garnish)를 같이 조리할 때도 있고 분리하여 조리할 때도 있다.

스튜잉 조리는 고기의 맛과 향을 추출하기 위해서는 긴 시간이 필요할 때도 있다. 그러므로 채소와 양념을 첨가할 때는 주의가 필요한데, 스튜가 완성될 시간에 맞추어 채소를 첨가하여야 하고, 국물의 농도를 잘 맞추어 제공하여야 한다. 또한 소스는 식품과 같이 끓이며 오븐에서 하는 방법과 스토브에서 하는 방법이 있다.

* Steaming(증기에 짜기)

물을 끓여서 나오는 수증기가 가진 잠열에 의하여 식품을 가열하는 조리법이다. 이 조리법은 식품의 조직이나 성분변화는 조림법에 가깝다. 증기 내에서는 수증기의 대류가 일어날 뿐이지 식품의 움직임이 없으므로 모양이 뭉그러지지 않고 수용성 물질이 적게 융출되는 장점이 있다.

* Glazing(글레이징)

이 조리법은 한식에는 거의 없고 서양요리 조리법 중에만 있는 것으로서 글라세(glacer)란 불어로 얼음을 뜻하므로 얼음과 같이 윤이 나야 한다. 육류의 경우에는 브레이징 조리법과 비슷하기 때문에 여기서는 채소에 대하여 설명하겠다.

당근 같은 채소를 예쁘게 모양(샤토, 올리베트)을 내어 냄비에 액체, 설탕, 버터를 소량 넣고, 익히면서 냄비를 흔들면서 당근이 반짝반짝 윤기가 나게 한다.

제 7 장 조리기능사 문제

01 Shrimp Canape

[쉬림프 카나페 ; 새우 카나페]

시험시간 | 30분

요구사항

주어진 재료를 사용하여 다음과 같이 "새우 카나페"를 만드시오.

1) 새우는 내장을 제거한 후 미르포아(Mire-poix)를 넣고 삶아서 껍질을 제거하시오.
2) 달걀은 완숙으로 삶아 사용하시오.
3) 식빵은 직경 4cm의 원형으로 하고, 4개를 제시하시오.

수검자 유의사항

① 새우를 부서지지 않도록 하고 달걀 삶기에 유의한다.
② 식빵의 수분흡수에 유의한다.
③ 조리작품 만드는 순서는 틀리지 않게 하여야 한다.
④ 숙련된 기능으로 맛을 내야 하므로 조리작업 시 음식이 맛을 보지 않는다.
⑤ 지정된 수험자 지참준비물 이외의 조리기구나 재료를 시험장 내에 지참할 수 없다.
⑥ 지급재료는 시험 전 확인하여 이상이 있을 경우 시험위원으로부터 조치를 받고 시험도중에는 재료의 교환 및 추가지급은 하지 않는다.

재료

새우 Shrimp ··· 4마리	흰 후춧가루 white Pepper ··· 2g
식빵 Toast Bread(샌드위치용) ··· 1조각	레몬 ··· 1/8개
달걀 Egg ··· 1개	이쑤시개 ··· 1개
파슬리 Parsley(잎, 줄기 포함) ··· 1줄기	당근 ··· 15g
버터 Butter (무염) ··· 30g	셀러리 ··· 15g
토마토케첩 Tomato Ketchup ··· 10g	양파(中) (150g 정도) ··· 1/8개
소금 Salt(정제염) ··· 5g	

Comments

Canape(카나페) : 새우나 햄 · 크래커 · 작은 빵 등에 캐비어, 버터, 치즈 등을 바르거나 올려 만든 서양의 전채(前菜)요리로 술안주로도 많이 애용된다. 한입 크기로 만들어 한입에 먹을 수 있도록 하며, 여러 가지 재료로 만들 수 있다.

만들기

1. 소금을 약간 넣은 물에 달걀노른자가 중앙에 오도록 물이 끓을 때까지 굴리면서 13분 정도 삶는다.
2. 새우는 등 쪽의 내장을 제거한 후 끓는 물에 삶을 때 모양을 잘 잡아서 삶은 후 식힌 다음 머리와 껍질을 제거한다.
3. 식빵을 4쪽으로 잘라서 달걀크기만 하게 직경 4cm 원형으로 자른 다음 기름기 없는 팬에서 약한 불로 노릇하게 구운 후 버터를 바른다.
4. 완숙한 달걀은 0.5cm 두께로 슬라이스 한다.
5. 빵 위에 달걀, 새우를 얹은 후 토마토케첩을 얹고 파슬리로 장식한다.

02 Stuffed Egg

[스터프트 에그]

시험시간 | 30분

요구사항

주어진 재료를 사용하여 다음과 같이 "스터프트 에그"를 만드시오.

1) 달걀의 노른자가 중앙에 오도록 삶으시오
2) 햄과 셀러리는 다져 쓰시오.
3) 완성품의 길이는 2등분하여 4개 제시하시오. (직경이 짧은 쪽으로 2등분한다.)

수검자 유의사항

① 달걀이 변색되지 않도록 완숙시킨다.
② 달걀노른자 혼합물이 질어지지 않도록 한다.
③ 불을 사용하여 만든 작품은 반드시 익어야 한다.
④ 요구사항대로 조리작품이 만들어지지 않은 경우에는 오작품으로 채점대상에서 제외된다.
⑤ 요구 작품이 2가지인 경우 1가지 작품만 만들었을 때에는 미완성으로 채점대상에서 제외된다.
⑥ 조리작품을 만드는 순서에 유의한다.
⑦ 숙련된 기능으로 맛을 내야 하므로 조리작업 시 맛을 보지 않도록 한다.

재료

달걀 Egg ······ 2개	마요네즈 Mayonnaise ······ 10g
햄 Ham ······ 5g	소금 Salt ······ 2g
셀러리 Celery ······ 30g	양겨자 Mustard ······ 2g
잎상추 Lettuce ······ 1잎	백후추 White Pepper ······ 2g
파슬리 Parsley ······ 1줄기	

Comments

서양요리에서 Stuffed(스터프드)는 속을 채운다는 뜻으로, 삶은 달걀 · 오이 · 토마토 · 피망 등의 속을 들어내고 속을 채워 만들며 겉 재료에 따라 이름이 붙여진다. 셀러리와 햄을 곱게 다지지 않으면 짤 주머니에 걸려 제대로 나오지 않고, 마요네즈 농도를 잘 맞추어야 하는데, 되직하여 짜기 어렵고, 반대로 너무 물게 되면 노른자를 짠 후에 모양이 나지 않으므로 마요네즈 농도에 유의한다.

만들기

1 찬물에 소금을 약간 넣고 달걀노른자가 중앙에 오도록 물이 끓을 때까지 굴리면서 13분 정도 삶은 후 찬물에 담구어 식힌다.

2 햄과 셀러리는 곱게 다진다.

3 삶은 달걀은 껍질을 벗기고 직경이 짧은 쪽으로 2등분하여 노른자를 분리하고 흰자는 깨끗이 씻어 둔다.

4 노른자는 체에 내려서 햄, 셀러리, 마요네즈, 양겨자, 소금, 후춧가루로 간하여 잘 섞은 후 짤 주머니에 넣는다.

5 달걀흰자 속에 양상추를 깔고 짤 주머니로 모양 있게 짠 후 파슬리로 장식한 다음 접시에 4개를 놓고 가운데 파슬리로 장식한다.

03 French Fried Shrimp

[프렌치 프라이드 쉬림프]

시험시간 | 25분

요구사항

주어진 재료를 사용하여 다음과 같이 "프렌치 프라이드 쉬림프"를 만드시오.

1) 새우를 구부러지지 않게 튀기시오.
2) 새우튀김은 4개를 제출하시오.
3) 레몬과 파슬리를 곁들이시오.

수검자 유의사항

① 새우는 꼬리쪽에서 1마디 정도만 껍질을 남긴다.
② 튀김반죽에 유의하고, 튀김의 색깔이 깨끗하게 한다.
③ 조리작품 만드는 순서는 틀리지 않게 하여야 한다.
④ 숙련된 기능으로 맛을 내야 하므로 조리작업 시 음식의 맛을 보지 않는다.
⑤ 지정된 수험자 지참준비물 이외의 조리기구나 재료를 시험장 내에 지참할 수 없다.
⑥ 지급재료는 시험 전 확인하여 이상이 있을 경우 시험위원으로부터 조치를 받고 시험도중에는 재료의 교환 및 추가지급은 하지 않는다.

재료

새우 Shrimp(중하)	4마리	소금 Salt	2g
달걀 Egg	1개	백후추 White Pepper	2g
밀가루 Flour(중력분)	80g	식용유 Salad Oil	500ml
백설탕 Sugar	2g	냅킨(흰색, 기름제거용)	2장
레몬 Lemon(길이(장축)로 등분)	1/6개	이쑤시개	1개
파슬리 Parsley(잎, 줄기 포함)	1줄기		

Comments

밀가루나 튀김가루를 묻히지 않거나 가루만 묻혀 기름에 튀긴 것을 프렌치 프라이(French Fries)라고 한다. 또한 새우의 등 쪽에 있는 내장을 제거하고 배 쪽에 칼집을 잘 넣어야지 그렇지 않으면 튀길 때 굽어져서 모양이 엉망이 된다.

만들기

1. 새우는 머리를 제거한 후 이쑤시개로 등 쪽의 내장을 제거하고, 꼬리 쪽 한마디만 남기고 껍질을 벗긴 다음 깨끗이 씻어 물기를 닦고 배 쪽에 칼집을 넣어 소금, 후추를 뿌린다.
2. 달걀흰자는 거품기로 빳빳하게 거품을 낸 후 설탕을 넣고 섞은 후 튀김옷에 넣어 가볍게 섞어준다.
3. 볼에 물, 달걀노른자를 넣고 잘 저은 후 밀가루를 넣고 빳빳하게 쳐놓은 달걀흰자를 조심스럽게 튀김옷을 만든다.
4. 준비한 새우에 밀가루를 살짝 묻히고 튀김옷을 입혀서 170℃의 기름에 튀겨낸 후 냅킨에 옮겨 기름을 뺀다.
5. 접시에 담고 레몬과 파슬리로 장식한다.

04

Fish Meuniere

[피시 뮈니엘]

시험시간 | 30분

요구사항

주어진 재료를 사용하여 다음과 같이 "피시 뮈니엘"를 만드시오.

1) 생선의 길이를 일정하게 하여 4쪽을 구워 내시오.
2) 소스와 함께 레몬과 파슬리를 곁들여 내시오.

수검자 유의사항

① 생선살은 흐트러지지 않게 5장 포뜨기를 쓴다.
② 생선의 담는 방법에 유의한다.
③ 조리작품 만드는 순서는 틀리지 않게 하여야 한다.
④ 숙련된 기능으로 맛을 내야 하므로 조리작업 시 음식의 맛을 보지 않는다.
⑤ 지정된 수험자 지참준비물 이외의 조리기구나 재료를 시험장 내에 지참할 수 없다.
⑥ 지급재료는 시험 전 확인하여 이상이 있을 경우 시험위원으로부터 조치를 받고 시험도중에는 재료의 교환 및 추가지급은 하지 않는다.

재료

가자미 Turbot(250~300g 정도) ··············1마리
레몬 Lemon(길이(장축)로 등분)··················1/2개
파슬리 Parsley(잎, 줄기 포함) ··················1줄기
소금 Salt(정제염)···2g
백후추 White Pepper ································2g
버터 Butter(무염)···50g
밀가루 Flour(중력분) ································30g

Comments

'뮈니엘' 이란 단어의 뜻은 '제분업자' 인데 생선에 밀가루를 묻힌 모습이 마치 제분소 사람이 가루를 뒤집어 쓴 모습과 닮았다는데서 유래하였다. Fish Meuniere는 서양의 생선버터구이를 말하는데 담백한 맛을 가진 가자미, 넙치, 도미 등이 적당하며 작은 생선은 통째로 사용하고 큰 것은 토막내 쓴다.

만들기

1. 파슬리는 반은 다지고 나머지 반은 물에 담궈서 싱싱하게 만든다.
2. 가자미는 흐르는 물로 깨끗이 씻어 물기를 닦고 5장 뜨기를 한 후 껍질을 벗긴다.
3. 포 뜬 생선은 소금, 후추, 레몬 주스를 뿌리고 밀가루를 앞뒤로 가볍게 묻힌다.
4. 프라이팬에 버터를 두르고 뼈 쪽 면을 먼저 노릇하게 구운 후 뒤집어서 익힌 다음 뼈 쪽 면이 위로 오도록 접시에 담는다.
5. 팬에 버터를 두르고 레몬즙을 넣어 레몬버터소스를 만들어 생선 위에 끼얹고 파슬리 다진 것을 뿌린다. 레몬과 파슬리로 장식한다.

05 Sole Mornay

[솔 모르네]

시험시간 | 40분

요구사항

주어진 재료를 사용하여 다음과 같이 "솔모르네"를 만드시오.

1) 피시스톡(fish stock)을 만들어 생선을 포우칭(poaching) 하시오.
2) 베샤멜 소스를 만들어 치즈를 넣고 모네이 소스(mornay sauce)를 만드시오.
3) 수량은 같은 크기로 4개 제출하시오.
4) 카이엔페퍼를 뿌려 내시오.

수검자 유의사항

① 소스의 농도에 유의한다.
② 생선살이 흐트러지지 않도록 5장 뜨기를 한다.
③ 생선뼈는 지급된 생선으로 사용한다.
④ 조리작품 만드는 순서는 틀리지 않게 하여야 한다.
⑤ 숙련된 기능으로 맛을 내야 하므로 조리작업 시 음식의 맛을 보지 않는다.
⑥ 지정된 수험자 지참준비물 이외의 조리기구나 재료를 시험장 내에 지참할 수 없다.
⑦ 지급재료는 시험 전 확인하여 이상이 있을 경우 시험위원으로부터 조치를 받고 시험도중에는 재료의 교환 및 추가지급은 하지 않는다.

재료

가자미 Sole(250~300g 정도)	1마리
치즈 Cheese(가로, 세로 8cm 정도)	1장
버터 Butter(무염)	50g
밀가루 Flour(중력분)	30g
우유 Milk	200ml
양파 Onion(중, 150g 정도)	1/3개
정향 Clove	1개
카이엔페퍼 Cayenne Pepper	2g
레몬 Lemon(길이(장축)로 등분)	1/4개
월계수 잎 Bay Leaf	1잎
파슬리 Parsley(잎, 줄기 포함)	1줄기
흰 통후추 Pepper Corn	3개
소금 Salt	2g

Comments

Sole(솔)은 가자미, 넙치를 말하며 그 위에 Mornay Sauce를 끼얹은 것이 솔모르네(Sole Mornay)이다. 프랑스요리용 소스로 창시자의 이름을 따서 그 명칭이 붙여졌다. 모든 백색 소스의 기본이 되는 소스로 White Roux(화이트 루)를 데운 우유에 넣고 끓인 후 소금과 후춧가루 등으로 양념한 것이 베샤멜 소스(Bechamel Sauce)이고 여기에 치즈를 더한 것이 모르네 소스(Mornay Sauce)이다.

만들기

1. 생선은 깨끗이 씻어서 물기를 닦고 5장 뜨기를 하여 껍질을 벗긴 후 소금, 후추를 뿌린다.
2. 생선뼈는 핏물을 깨끗이 제거한 후 토막을 낸다.
3. 양파는 채 썰고 양파의 일부와 치즈는 다져 놓는다.
4. 피시스톡을 만들기 위하여 팬에 버터를 두르고 채 썬 양파를 넣어 볶은 후 물을 붓고 생선뼈, 향신료, 레몬을 넣어 뭉근한 불에서 20분 정도 끓여서 체에 거른다.
5. 소스팬에 버터를 두르고 생선을 가지런히 놓은 후 그 위에 다진 양파를 뿌리고 피시스톡을 조금 부어 약한 불에서 포우칭한다.
6. 팬에 버터를 두르고 밀가루를 넣어 볶아서 화이트 루를 만든 후 우유를 조금씩 넣어 주면서 루를 잘 풀어 월계수 잎을 박은 양파(oignon pique)를 넣어서 베샤멜 소스를 만든다.
7. 베샤멜 소스에 다진 치즈를 넣고 잘 풀어 소금, 후추로 간을 맞춘다.
8. 접시에 포우칭한 생선을 가지런히 담고 그 위에 소스를 끼얹은 후 카이엔페퍼를 뿌린다.

06

Beef Stew

[비프스튜]

시험시간 | 40분

요구사항

주어진 재료를 사용하여 다음과 같이 "비프스튜"를 만드시오.

1) 완성된 소고기와 채소의 크기는 1.8cm 정도의 정육면체로 하시오.
2) 브라운 루(Brown roux)를 만들어 사용하시오.
3) 그릇에 비프스튜를 담고 파슬리 다진 것을 뿌려 내시오.

수검자 유의사항

① 소스의 농도와 분량에 유의한다.
② 고기와 채소는 형태를 유지하면서 익히는데 유의한다.
③ 조리작품 만드는 순서는 틀리지 않게 하여야 한다.
④ 숙련된 기능으로 맛을 내야 하므로 조리작업 시 음식의 맛을 보지 않는다.
⑤ 지정된 수험자 지참준비물 이외의 조리기구나 재료를 시험장 내에 지참할 수 없다.
⑥ 지급재료는 시험 전 확인하여 이상이 있을 경우 시험위원으로부터 조치를 받고 시험도중에는 재료의 교환 및 추가지급은 하지 않는다.

재료

재료	분량
소고기 Beef(살코기)	100g
당근 Carrot	70g
감자 Potato(150g 정도)	1/3개
양파 Onion(중, 150g 정도)	1/4개
마늘 Garlic(중, 깐 것)	1쪽
셀러리 Celery	30g
토마토 페이스트 Tomato Paste	20g
버터 Butter(무염)	30g
밀가루 Flour(중력분)	25g
파슬리 Parsley(잎, 줄기 포함)	1줄기
정향 Clove	1개
월계수 잎 Bay Leaf	1잎
소금 Salt(정제염)	2g
검은 후춧가루 Pepper	2g

Comments

서양요리에서 재료를 소스 팬에 넣고 장시간 푹 끓여 만드는 국물이 있는 것이 Stew(스튜)이다. 이 요리의 목적은 질긴 고기를 습열 처리하면 고기 속의 콜라겐이 분해되어 고기가 연하게 하는 목적으로 주로 질긴 고기를 요리에 이용할 때 많이 이용한다. 주재료에 따라 소고기이면 비프 스튜, 소의 혀이면 텅 스튜, 닭고기이면 치킨 스튜, 채소이면 베지터블 스튜 등의 이름이 붙는다.

만들기

1. 소고기는 2cm 정육면체로 썰어 소금, 후추로 간한 후 밀가루를 묻힌다.
2. 감자, 당근, 양파, 셀러리는 1.8cm 정육면체로 썰고 마늘은 다진다. 파슬리는 곱게 다져서 면보에 싸서 씻은 후 물기를 꼭 짠다.
3. 팬에 버터를 두르고 소고기를 볶은 후 채소, 마늘을 넣어 볶는다.
4. 소스 팬에 버터를 두르고 밀가루를 넣어 볶아서 브라운 루를 만든 후 토마토 페이스트를 넣어 충분히 볶은 후 스톡을 넣어 풀어준다.
5. 소고기, 채소를 넣고 부케가니를 넣어 뭉근히 끓여서 농도를 맞춘 후 부케가니를 건져내고 소금, 후추로 간을 맞춘다.
6. 그릇에 담고 파슬리 다진 것을 뿌린다.

07 Sirloin Steak

[서로인 스테이크]

시험시간 | 30분

요구사항

주어진 재료를 사용하여 다음과 같이 "서로인 스테이크"를 만드시오.

1) 스테이크는 미디움(medium)으로 구우시오.
2) 더운 채소(당근, 감자, 시금치)를 각각 모양 있게 만들어 함께 내시오.

수검자 유의사항

① 스테이크의 색에 유의한다(곁들이는 소스는 생략한다).
② 주어진 조미재료를 활용하여 더운 채소의 요리법(색, 모양 등)에 유의한다.
③ 조리작품 만드는 순서는 틀리지 않게 하여야 한다.
④ 숙련된 기능으로 맛을 내야 하므로 조리작업 시 음식의 맛을 보지 않는다.
⑤ 지정된 수험자 지참준비물 이외의 조리기구나 재료를 시험장 내에 지참할 수 없다.
⑥ 지급재료는 시험 전 확인하여 이상이 있을 경우 시험위원으로부터 조치를 받고 시험도중에는 재료의 교환 및 추가지급은 하지 않는다.

재료

재료	분량	재료	분량
소고기 Sirloin(등심)	200g	소금 Salt(정제염)	2g
감자 Potato(150g 정도)	1/2개	검은 후춧가루 Pepper	1g
시금치 Spinach	70g	백설탕 Sugar	25g
당근 Carrot	70g	식용유 Salad Oil	150ml
버터 Butter(무염)	50g	양파(중, 150g 정도)	1/6개

Comments

서로인(Sirloin)은 소의 허리 등심의 상부 부위의 고기를 말하는 것으로 소고기 중 안심과 갈비 스테이크와 함께 스테이크로 사용할 수 있는 부위는 얼마 되지 않는 부위이다.

스테이크는 익힌 정도에 따라
Rare(레어 : 살짝 익힌 것)
Medium(미디움 : 중간 정도 익힌 것)
Welldone(웰던 : 매우 익힌 것)으로 구분한다.

만들기

1. 등심은 손질하여 소금, 후추를 뿌린다.
2. 당근은 원형으로 썰고, 감자는 5cm×0.7cm로 썰어 끓는 물에 반 정도 익히고, 시금치는 끓는 물에 데친 후 찬물에 헹구어 짧게 자른다.
3. 양파는 다지고, 파슬리는 곱게 다져 면보에 싸서 물에 씻어 꼭 짠다.
4. 당근은 버터를 두르고 설탕과 소금을 넣어 졸인 후 파슬리를 뿌린다.
5. 시금치는 팬에 기름을 두르고 양파와 같이 살짝 볶으면서 소금, 후추로 간한다.
6. 감자는 170℃의 기름에 튀긴 후 뜨거울 때 소금을 뿌린다.
7. 팬에 기름을 두르고 뜨거워지면 등심을 넣어 앞뒤로 갈색이 나오도록 굽는다.
8. 스테이크를 접시에 담고 당근, 시금치, 감자를 모양 있게 담는다.

08 Salisbury Steak

[살리스버리 스테이크]

시험시간 | 40분

요구사항

주어진 재료를 사용하여 다음과 같이 "살리스버리 스테이크"를 만드시오.

1) 고기 앞뒤의 색깔을 갈색으로 내시오.
2) 살리스버리 스테이크는 타원형으로 만드시오.
3) 더운 채소(당근, 감자, 시금치)를 각각 모양 있게 만들어 함께 내시오.

수검자 유의사항

① 고기가 타지 않도록 하며, 구워진 고기가 단단해지지 않도록 유의한다(곁들이는 소스는 생략한다).
② 주어진 조미 재료를 활용하여 더운 채소의 요리법(색, 모양 등)에 유의한다.
③ 조리작품 만드는 순서는 틀리지 않게 하여야 한다.
④ 숙련된 기능으로 맛을 내야 하므로 조리작업 시 음식의 맛을 보지 않는다.
⑤ 지정된 수험자 지참준비물 이외의 조리기구나 재료를 시험장 내에 지참할 수 없다.
⑥ 지급재료는 시험 전 확인하여 이상이 있을 경우 시험위원으로부터 조치를 받고 시험도중에는 재료의 교환 및 추가지급은 하지 않는다.

재료

소고기 Ground Beef(살코기 갈은 것)·········130g
양파 Onion(중, 150g 정도) ·····················1/6개
달걀 Egg ··1개
우유 Milk ···5ml
빵가루 Bread Crumb(마른 것) ·················20g
소금 Salt(정제염)·······································2g
검은 후춧가루 Pepper ·······························2g
식용유 Salad Oil ·····································150ml
감자 Potato(150g 정도) ···························1/2개
당근 Carrot ···70g
시금치 Spinach ··70g
백설탕 Sugar ···25g
버터 Butter(무염) ·····································50g

Comments

살리스버리(Salisbury) 스테이크는 의사였던 영국 후작의 이름으로 당시에 이 음식을 많이 먹도록 권장하여 많은 사람들에 유행했던 것으로 그의 이름을 따서 붙인 것이다. 소고기를 다져 여러 가지 재료를 섞어 원래의 고기 모양으로 만든 것이다. 양파는 볶아서 섞어야 고기가 부드러우며, 반죽은 끈기가 날 정도로 충분히 치대어 사용해야 모양이 잘 만들어진다.

만들기

1. 양파는 곱게 다져 살짝 볶아 식힌다.
2. 당근은 원형(vichy)으로 썰고, 감자는 5×0.7cm 두께로 썰어 끓는 물에 반 정도 익히고 시금치는 데쳐 낸다.
3. 믹싱 볼에 소고기, 양파, 달걀, 우유, 소금, 후추를 넣어 섞은 후 빵가루를 넣어 끈기 있게 치대어 1.5cm 두께의 타원형으로 만들어서 가운데를 눌러준다.
4. 팬에 식용유를 두르고 처음에는 센 불에 양면을 구운 후 불을 줄여서 속이 익도록 굽는다.
5. 감자는 기름에 튀긴 후 뜨거울 때 소금을 뿌리고, 시금치는 양파를 넣어 소금, 후추로 간하여 볶고, 당근은 버터를 두르고 설탕, 소금을 넣어 졸인다.
6. 접시에 스테이크를 담고 당근, 시금치, 감자를 모양 있게 담는다.

09 Barbecued Pork Chop

[바비큐 폭찹]

시험시간 | 40분

요구사항

주어진 재료를 사용하여 다음과 같이 "바베큐 폭찹"을 만드시오.

1) 고기는 뼈가 붙은 채로 사용하고 고기의 두께는 1cm 정도로 하시오(단, 지급재료에 따라 가감한다).
2) 완성된 소스 상태가 윤기가 나며 걸물이 흘러나오지 않도록 하시오.

수검자 유의사항

① 주어진 재료로 소스를 만들고 농도에 유의한다.
② 재료의 익히는 순서를 고려하여 끓인다.
③ 조리작품 만드는 순서는 틀리지 않게 하여야 한다.
④ 숙련된 기능으로 맛을 내야 하므로 조리작업 시 음식의 맛을 보지 않는다.
⑤ 지정된 수험자 지참준비물 이외의 조리기구나 재료를 시험장 내에 지참할 수 없다.
⑥ 지급재료는 시험 전 확인하여 이상이 있을 경우 시험위원으로부터 조치를 받고 시험도중에는 재료의 교환 및 추가지급은 하지 않는다.

재료

돼지갈비 Pork Ribs	200g
양파 Onion(중, 150g 정도)	1/4개
셀러리 Celery	30g
토마토케첩 Tomato Ketchup	30g
우스터소스 Worcester Sauce	3ml
황설탕 Brown Sugar	5g
핫소스 Hot Sauce	2ml
식초 Vinegar	5ml
월계수잎 Bay Leaf	1잎
밀가루 Flour(중력분)	10g
버터 Butter(무염)	10g
소금 Salt(정제염)	2g
검은 후춧가루 Pepper	2g
레몬 Lemon(길이(장축)로 등분)	1/6개
마늘 Garlic(중, 깐 것)	1쪽
비프스톡 Beef Stock or Water(육수)	200ml
식용유	30ml

Comments

직화로 통째로 구운 고기와 새콤하고 맵게 한 바베큐 소스로, 에스파니아인들이 서인도제도로 건너온 후 아이티 원주민이 통째로 굽는 요리 이름에서 유래되었다는 설과 아메리카인디언들이 야외에서 화덕에 굽는 요리에서 유래된 이름이라는 설이 있다.

만들기

1 돼지갈비는 기름기를 제거한 후 뼈를 붙여서 2cm 두께로 저민 다음 칼집을 넣고 소금, 후추를 뿌리고 밀가루를 묻힌다.

2 마늘, 양파와 셀러리는 잘게 다져둔다.

3 팬에 식용유와 버터를 두르고 돼지갈비를 넣고 노릇노릇하게 앞뒤로 지진다.

4 소스 팬에 버터를 두르고 양파, 셀러리를 볶은 후 토마토케첩을 넣어 볶은 다음 스톡을 붓고 핫소스, 우스타소스, 설탕, 식초를 넣고 월계수잎을 넣어 끓인다.

5 바베큐 소스가 끓으면 구운 돼지 갈비를 넣어서 뭉근히 끓여 윤기나도록 조린 후 소금, 후추로 간한다.

5 접시에 갈비를 담고 소스를 흐르듯 끼얹는다.

10 Chicken a'la king

[치킨 알라킹]

시험시간 | 30분

요구사항

주어진 재료를 사용하여 다음과 같이 "치킨 알라킹"을 만드시오.

1) 완성된 닭고기와 채소, 버섯의 크기는 1.8cm×1.8cm 정도로 균일하게 하시오(단, 지급된 재료의 크기에 따라 가감한다).
2) 닭뼈를 이용하여 치킨 육수를 만들어 사용하시오.
3) 화이트 루(roux)를 이용하여 베샤멜 소스를 만들어 사용하시오.

수검자 유의사항

① 소스의 색깔과 농도에 유의한다.
② 조리작품 만드는 순서는 틀리지 않게 하여야 한다.
③ 숙련된 기능으로 맛을 내야 하므로 조리작업 시 음식의 맛을 보지 않는다.
④ 지정된 수험자 지참준비물 이외의 조리기구나 재료를 시험장 내에 지참할 수 없다.
⑤ 지급재료는 시험 전 확인하여 이상이 있을 경우 시험위원으로부터 조치를 받고 시험도중에는 재료의 교환 및 추가지급은 하지 않는다.

재료

닭다리(한마리 1.2kg 정도, 허벅지살 포함) ······1개
청피망 Green Pimento(중, 75g 정도) ······1/4개
홍피망 Red Pimento(중, 75g 정도) ·········1/6개
양파(중, 150g 정도) ································1/6개
양송이 Mushroom ·····························20g, 2개
버터 Butter(무염) ··20g
밀가루 Flour(중력분) ································15g
우유 Milk ··150ml
정향 Clove ···1개
소금 Salt(정제염) ··2g
백후추 White Peper ···2g
생크림(조리용) ··20g
월계수잎 Bay Leaf ···1잎

Comments

치킨 알라킹(Chicken a'la king) : 닭고기를 익혀서 토스트 또는 파이시트에 올려놓은 음식으로 왕이 먹던 닭고기 요리이다.

만들기

1 닭다리는 뼈와 껍질을 제거하고 2cm×2cm 정도로 자른다.

2 피망과 양파는 1.8cm 크기로 썰고, 양송이는 껍질을 벗긴 후 4등분한다.

3 끓는 물에 닭고기를 살짝 데쳐서 건져내고 국물은 체에 걸러서 치킨스톡으로 사용한다.

4 팬에 버터를 두르고 닭고기, 양파, 버섯, 피망을 볶아낸다.

5 소스 팬에 버터를 두르고 밀가루를 넣어 약한 불에서 화이트 루를 볶아서 우유를 조금씩 넣으면서 잘 푼 후 정향을 넣고 은근히 끓여서 체에 걸러 소스를 만든다.

6 소스에 닭고기, 채소를 넣고 치킨스톡으로 농도를 맞춘 후 소금, 후추로 간하여 수프 접시에 담아낸다.

11 Chicken Cutlet

[치킨 커틀렛]

시험시간 | 30분

요구사항

주어진 재료를 사용하여 다음과 같이 "치킨 커틀렛"을 만드시오.

1) 닭은 껍질째 사용하시오.
2) 완성된 커틀렛의 두께를 1cm 정도로 하시오.
3) 딥팻후라이(deep fat frying)로 하시오.

수검자 유의사항

① 닭고기 모양에 유의한다.
② 완성된 커틀렛의 색깔에 유의한다.
③ 조리작품 만드는 순서는 틀리지 않게 하여야 한다.
④ 숙련된 기능으로 맛을 내야 하므로 조리작업 시 음식의 맛을 보지 않는다.
⑤ 지정된 수험자 지참준비물 이외의 조리기구나 재료를 시험장 내에 지참할 수 없다.
⑥ 지급재료는 시험 전 확인하여 이상이 있을 경우 시험위원으로부터 조치를 받고 시험도중에는 재료의 교환 및 추가지급은 하지 않는다.

재료

닭다리(한마리 1.2kg 정도, 허벅지살 포함) ······1개
달걀 Egg ······1개
밀가루 Flour(중력분) ······30g
빵가루 Bread Crumb(마른 것) ······50g
식용유 Salad Oil ······300ml
소금 Salt(정제염)······2g
검은 후춧가루 Peper······2g
냅킨(흰색, 기름제거용) ······2장

Comments

커틀렛(Cutlet)은 얇게 저민 고기에 빵가루를 묻혀 기름에 튀긴 서양요리로 돼지고기, 닭고기 등을 주로 이용한다.

만들기

1. 닭다리는 흐르는 물에 깨끗이 씻어 물기를 제거하고 껍질이 붙은 째로 살을 발라내어 펴서 골고루 잘 두드린 후 껍질 쪽을 위로 하여 잔 칼집을 넣어 오그라들지 않도록 한다.
2. 손질한 닭은 소금, 후추를 뿌려 간한 후 밀가루, 달걀, 빵가루를 묻힌다.
3. 170℃의 기름에서 연한 갈색이 되도록 튀긴 후 냅킨 위에 올려 기름을 빼고 접시에 담아낸다.

12 Potato Salad

[포테이토 샐러드]

시험시간 | 30분

요구사항

주어진 재료를 사용하여 다음과 같이 "포테이토 샐러드"를 만드시오.

1) 감자는 껍질을 벗긴 후 1cm 정도의 정육면체로 썰어서 삶으시오.
2) 양파는 곱게 다져 매운맛을 제거하시오.
3) 파슬리는 다져서 사용하시오.

수검자 유의사항

① 감자는 잘 익고 부서지지 않도록 유의하고 양파의 매운맛 제거에 유의한다.
② 양파와 파슬리는 뭉치지 않도록 버무린다.
③ 조리작품 만드는 순서는 틀리지 않게 하여야 한다.
④ 숙련된 기능으로 맛을 내야 하므로 조리작업 시 음식의 맛을 보지 않는다.
⑤ 지정된 수험자 지참준비물 이외의 조리기구나 재료를 시험장 내에 지참할 수 없다.
⑥ 지급재료는 시험 전 확인하여 이상이 있을 경우 시험위원으로부터 조치를 받고 시험도중에는 재료의 교환 및 추가지급은 하지 않는다.

재료

감자 Potato (150g 정도)	1개	마요네즈 Mayonnaise	50g
양파 Onion (중, 150g 정도)	1/6개	소금 Salt (정제염)	5g
파슬리 Parsley (잎, 줄기 포함)	1줄기	흰 후춧가루 Pepper	1g

Comments

감자는 통째로 삶는 것이 영양 손실을 줄일 수 있으나 시험장에서는 시간이 제한되어 있으므로 썰어서 삶는다. 양파는 매운맛이 빠지도록 소금물에 충분히 헹궈 물기를 없앤다.

만들기

1. 감자는 껍질을 벗기고 1cm 정도의 정육면체로 썰어 물에 소금을 약간 넣고 뚜껑을 덮어 삶아 건져 식힌다.
2. 양파는 다져서 소금물에 담근 후 물기를 꼭 짠다.
3. 파슬리는 곱게 다져서 면보에 싸서 씻은 후 물기를 꼭 짠다.
4. 볼에 감자, 양파, 마요네즈, 소금, 후추를 넣어 버무리면서 파슬리를 넣어 뭉치지 않게 살짝 버무린다.
5. 그릇에 샐러드를 담고 다진 파슬리를 살짝 뿌린다.

13

Waldorf Salad

[월도프 샐러드]

시험시간 | 20분

요구사항

주어진 재료를 사용하여 다음과 같이 "월도프 샐러드"를 만드시오.

1) 사과, 셀러리, 호두알을 1cm 정도의 크기로 써시오.
2) 사과의 껍질과 호두알의 속껍질을 벗겨 사용하시오.
3) 상추를 깔고 놓으시오.

수검자 유의사항

① 사과의 변색에 유의한다.
② 조리작품 만드는 순서는 틀리지 않게 하여야 한다.
③ 숙련된 기능으로 맛을 내야 하므로 조리작업 시 음식의 맛을 보지 않는다.
④ 지정된 수험자 지참준비물 이외의 조리기구나 재료를 시험장 내에 지참할 수 없다.
⑤ 지급재료는 시험 전 확인하여 이상이 있을 경우 시험위원으로부터 조치를 받고 시험도중에는 재료의 교환 및 추가지급은 하지 않는다.

재료

사과 Apple(200~250g 정도)	1개
셀러리 Celery	30g
호두 Walnut(중, 겉껍질 제거한 것)	2개
양상추 Lettuce(2잎 정도)	20g
흰 후춧가루 Pepper	1g
레몬 Lemon	1/4개
소금 Salt(정제염)	2g
마요네즈 Mayonnaise	60g
이쑤시개	1개

Comments

월도프 샐러드(Waldorf Salad) : 사과, 셀러리, 호두에 마요네즈를 버무린 샐러드인데, 호두를 뜨거운 물에 불리면 껍질을 빨리 벗길 수 있다.

만들기

1 호두는 따뜻한 물에 담구어 불린 후 이쑤시개를 이용하여 속껍질을 벗겨 2/3는 1cm 크기로 자르고 나머지는 다져서 둔다.

2 셀러리는 줄기의 껍질을 벗겨 내고 사방 1cm 크기로 자른다.

3 사과는 껍질을 벗기고 씨를 제거한 후 사방 1cm 크기로 썰어 소금, 레몬즙을 넣은 레몬물에 담구어 변색을 방지한다.

4 볼에 사과, 셀러리, 호두, 마요네즈, 설탕, 소금, 흰 후춧가루를 넣고 잘 섞은 후 접시에 양상추를 깔고 담는다. 호두를 위에 살짝 뿌린다.

14

Thousand Island Dressing

[사우전 아일랜드 드레싱]

시험시간 | 20분

요구사항

주어진 재료를 사용하여 다음과 같이 "사우전 아일랜드 드레싱"을 만드시오.

1) 드레싱은 핑크빛이 되도록 하시오.
2) 다지는 재료는 0.2cm 정도의 크기로 하시오.

수검자 유의사항

① 다진 재료의 물기를 제거한다.
② 조리작품 만드는 순서는 틀리지 않게 하여야 한다.
③ 숙련된 기능으로 맛을 내야 하므로 조리작업 시 음식의 맛을 보지 않는다.
④ 지정된 수험자 지참준비물 이외의 조리기구나 재료를 시험장 내에 지참할 수 없다.
⑤ 지급재료는 시험 전 확인하여 이상이 있을 경우 시험위원으로부터 조치를 받고 시험도중에는 재료의 교환 및 추가지급은 하지 않는다.

재료

마요네즈 Mayonnaise ·····70g	소금 Salt(정제염) ·····2g
토마토케첩 Tomato Ketchup ·····20g	백후추 White Pepper ·····1g
오이피클 Pickled Cucumber(개당 25~30g)···1/2개	청피망 Green Pimento(중, 75g 정도) ·····1/4개
달걀 Egg ·····1개	양파(중, 150g 정도) Onion ·····1/4개
레몬 Lemon ·····1/4개	식초 ·····2mL

Comments

사우전 아일랜드 드레싱(Thousnad Island Dressing)은 안에 들어가는 채소가 1000개의 섬으로 구성되었다 하여 붙여진 이름으로 마요네즈에 토마토케첩, 피클, 피망, 삶은 달걀 등을 넣어 만든 드레싱으로 채소샐러드, 생선, 닭고기 요리 등에 사용된다.

만들기

1. 포트에 달걀이 잠길 정도로 물을 넉넉히 부어 소금, 달걀을 넣어 끓기 시작하여 13분 정도 삶아 완숙이 되면 찬물에 담구어 껍질을 벗긴다.
2. 피망은 0.2cm 정도의 크기로 다져서 끓는 물에 살짝 데쳐둔다.
3. 양파는 0.2cm 정도의 크기로 다져서 소금물에 담근 후 건져 물기를 꼭 짠다.
4. 피클, 삶은 달걀은 흰자, 노른자를 나누어 각각 다진다.
5. 마요네즈에 토마토케첩, 레몬즙, 식초, 소금, 후추를 넣어 잘 섞어 둔다.
6. 볼에 다진 채소와 달걀을 넣고 혼합한 마요네즈를 넣어 가면서 농도를 맞춘다.

15

Cheese Omelet

[치즈 오믈렛]

시험시간 | 20분

요구사항

주어진 재료를 사용하여 다음과 같이 "치즈 오믈렛"을 만드시오.

1) 치즈는 사방 0.5cm 정도로 자르시오.
2) 오믈렛은 타원형으로 치즈가 들어 있는 것을 알 수 있도록 만드시오.
3) 나무젓가락과 팬을 이용하여 만드시오.

수검자 유의사항

① 익힌 오믈렛이 갈라지거나 굳어지지 않도록 유의한다.
② 오믈렛에서 익지 않은 달걀이 흐르지 않도록 유의한다.
③ 조리작품 만드는 순서는 틀리지 않게 하여야 한다.
④ 숙련된 기능으로 맛을 내야 하므로 조리작업 시 음식의 맛을 보지 않는다.
⑤ 지정된 수험자 지참준비물 이외의 조리기구나 재료를 시험장 내에 지참할 수 없다.
⑥ 지급재료는 시험 전 확인하여 이상이 있을 경우 시험위원으로부터 조치를 받고 시험도중에는 재료의 교환 및 추가지급은 하지 않는다.

재료

달걀 Egg	3개	식용유 Salad Oil	20ml
치즈 Cheese(가로, 세로 8cm 정도)	1장	버터 Butter(무염)	30g
생크림 Fresh Cream(조리용)	20g	소금(정제염)	2g

Comments

오믈렛(Omelet)은 달걀을 풀어 얇게 부친 것에 햄 및 채소 등을 잘게 썰어 볶아서 얹은 요리로 달걀요리 가운데 대표적인 것이다. 큰 달걀 3개 정도가 표준으로 달걀만으로 만든 것은 Plain Omelet(플레인 오믈렛)이라 한다.

만들기

1. 달걀 3개를 젓가락으로 잘 저은 후 체에 내린다.
2. 치즈는 사방 0.5cm의 크기로 자른다.
3. 달걀 푼 것에 생크림, 치즈, 버터를 넣어 잘 섞는다.
4. 팬에 식용유를 두르고 뜨거워지면 달걀을 넣고 나무젓가락으로 재빨리 저어주면서 덩어리가 지지 않게 부드럽게 익힌다.
5. 불을 낮추고 팬을 경사지게 하여 젓가락으로 모양을 만든 다음 팬을 손으로 치면서 뒤집어 타원형으로 만든다.

16 Spanish Omelet

[스페니쉬 오믈렛]

시험시간 | 30분

요구사항

주어진 재료를 사용하여 다음과 같이 "스페니쉬 오믈렛"을 만드시오.

1) 토마토, 양파, 피망, 양송이, 베이컨은 0.5cm 정도의 크기로 써시오.
2) 오믈렛은 타원형으로 만드시오.
3) 나무젓가락과 팬을 이용하여 만드시오.

수검자 유의사항

① 내용물이 고루 들어가고 터지지 않도록 유의한다.
② 오믈렛을 만들 때 타거나 단단해지지 않도록 한다.
③ 조리작품 만드는 순서는 틀리지 않게 하여야 한다.
④ 숙련된 기능으로 맛을 내야 하므로 조리작업 시 음식의 맛을 보지 않는다.
⑤ 지정된 수험자 지참준비물 이외의 조리기구나 재료를 시험장 내에 지참할 수 없다.
⑥ 지급재료는 시험 전 확인하여 이상이 있을 경우 시험위원으로부터 조치를 받고 시험도중에는 재료의 교환 및 추가지급은 하지 않는다.

재료

달걀 Egg	3개	소금 Salt(정제염)	5g
양파 Onion(중, 150g 정도)	1/6개	검은 후춧가루 Pepper	2g
청피망 Green Pimento(중, 75g 정도)	1/6개	버터 Butter(무염)	20g
베이컨 Bacon(길이 25~30cm)	1/2조각	식용유 Salad Oil	20mL
양송이 Mushroom	10g	토마토케첩 Tomato Ketchup	20g
토마토 Tomato(중, 150g 정도)	1/4개	생크림(조리용)	20g

Comments

스페니쉬 오믈렛(Spanish Omelet) : 양파, 피망, 토마토 등으로 만든 스페인 풍의 오믈렛으로 주로 아침식사에 제공한다.

만들기

1. 달걀 3개를 젓가락으로 잘 저은 후 체에 내린다.
2. 베이컨, 양송이, 양파, 피망은 사방 0.5cm 정도의 크기로 썬다.
3. 토마토 콩카세를 만들기 위하여 윗부분을 열십자로 칼집을 내어 끓는 물에 데친 후 껍질을 벗기고 씨를 제거하여 0.5cm 크기로 썬다.
4. 팬에 식용유를 두르고 베이컨을 넣고 볶다가 양파, 피망, 양송이, 토마토를 넣고 토마토케첩을 넣어 볶으면서 소금, 후추로 간을 한다.
5. 팬에 식용유를 두르고 뜨거워지면 달걀을 넣고 나무젓가락으로 저어 스크램블 에그를 만든 후 볶은 재료를 중앙에 놓고 모양을 만들어 팬을 손으로 툭툭 치면서 뒤집어 타원형으로 만든다.

17

Hamburger sandwich

[햄버거 샌드위치]

시험시간 | 30분

요구사항

주어진 재료를 사용하여 다음과 같이 "햄버거 샌드위치"를 만드시오.

1) 구워진 고기의 두께는 1cm 정도로 하시오.
2) 토마토와 양파는 0.5cm 정도의 두께로 썰고, 양상추는 빵 크기에 맞추시오.
3) 빵 사이에 위의 재료를 넣어 반 잘라 내시오.

수검자 유의사항

① 구워진 고기가 단단해지거나 부서지지 않도록 한다.
② 빵에 수분이 흡수되지 않도록 유의한다.
③ 조리작품 만드는 순서는 틀리지 않게 하여야 한다.
④ 숙련된 기능으로 맛을 내야 하므로 조리작업 시 음식의 맛을 보지 않는다.
⑤ 지정된 수험자 지참준비물 이외의 조리기구나 재료를 시험장 내에 지참할 수 없다.
⑥ 지급재료는 시험 전 확인하여 이상이 있을 경우 시험위원으로부터 조치를 받고 시험도중에는 재료의 교환 및 추가지급은 하지 않는다.

재료

햄버거빵 Hamburger Bun··························1개
소고기 Ground Beef(살코기, 방심)············100g
양파 Onion(중, 150g 정도)··························1개
달걀 Egg ··1개
빵가루 Bread Crumb(마른 것) ··················30g
토마토 Tomato(중, 150g 정도) ··················1/2개
양상추 Lettuce··20g
버터 Butter(무염) ···································15g
소금 Salt(정제염)··3g
검은 후춧가루 Pepper ································1g
식용유 Salad Oil ·································20mL
셀러리 ··30g

Comments

햄버거는 안에 들어가는 페티(patty)를 잘 만들어야 햄버거의 모양이 예쁘게 된다. 따라서 얇게 페티를 만들어도 굽게 되면 두꺼워지므로 가능한 얇게 만들고 양파의 매운 맛을 제거하기 위하여 살짝 구워내면 된다.

만들기

1. 소고기는 곱게 다져야 결합력이 생겨 페티의 모양이 예뻐지게 된다.
2. 셀러리는 껍질을 벗겨낸 후 다져서 팬에 기름을 두르고 살짝 볶아 식힌다.
3. 양파는 0.5cm 두께로 둥글게 썰고 나머지는 다진 후 팬에 살짝 볶아 놓는다.
4. 토마토는 0.5cm 두께로 둥글게 썰어 놓고, 양상추는 깨끗이 씻어 빵 크기에 맞춘다.
5. 볼에 다진 소고기, 양파, 셀러리, 달걀, 빵가루, 소금, 후추를 넣어 끈기 있게 치댄 후 두께 1cm의 빵의 크기로 둥글게 만든다.
6. 팬에 식용유를 두르고 페티의 양면이 갈색이 나도록 구워낸다.
7. 햄버거 빵은 토스트한 다음 버터를 발라 놓는다.
8. 빵 위에 양상추, 페티, 토마토, 양파 순으로 얹고 빵을 덮은 후 2등분하여 접시에 담아낸다.

18 Bacon·Lettuce·Tomato Sandwich

[베이컨 · 레터스 · 토마토 샌드위치]

시험시간 | 30분

요구사항

주어진 재료를 사용하여 다음과 같이 "B · L · T샌드위치"를 만드시오.

1) 빵은 구워서 사용하시오.
2) 토마토는 0.5cm 정도의 두께로 썰고, 베이컨은 구워서 사용하시오.
3) 완성품은 모양 있게 썰어 전량을 내시오.

수검자 유의사항

① 베이컨의 굽는 정도와 기름 제거에 유의한다.
② 샌드위치의 모양이 나빠지지 않도록 썰 때 유의한다.
③ 조리작품 만드는 순서는 틀리지 않게 하여야 한다.
④ 숙련된 기능으로 맛을 내야 하므로 조리작업 시 음식의 맛을 보지 않는다.
⑤ 지정된 수험자 지참준비물 이외의 조리기구나 재료를 시험장 내에 지참할 수 없다.
⑥ 지급재료는 시험 전 확인하여 이상이 있을 경우 시험위원으로부터 조치를 받고 시험도중에는 재료의 교환 및 추가지급은 하지 않는다.

재료

식빵 Toast Bread(샌드위치용) ··················3조각
양상추 Lettuce(2잎 정도) ··························20g
토마토 Tomato(중, 150g 정도) ···················1/2개
베이컨 Bacon(길이 25~30cm) ··············2조각
마요네즈 Mayonnaise ·····························30g
소금 Salt(정제염)·····································3g
검은 후춧가루 Pepper ······························1g

Comments

샌드위치라는 이름은 18세기 영국의 백작이름으로, Sandwich 백작은 카드놀이를 즐겼는데 카드놀이를 중단하지 않고 식사를 하면서 카드놀이를 즐길 수 있도록 고안한 데서 유래하였다. 속의 재료는 다양하게 이용한다.

만들기

1. 양상추는 깨끗하게 씻어 물기를 닦는다.
2. 토마토는 0.5cm 두께로 자른다.
3. 식빵은 마른 팬에서 앞뒤로 노릇하게 굽는다.
4. 베이컨은 팬에 구워 키친타올에서 기름기를 뺀다.
5. 마요네즈를 바른 빵의 한 면에 양상추 한 잎 놓고 베이컨을 올린 후 마요네즈를 양면에 바른 빵을 덮고 그 위에 양상추, 토마토 순으로 올리고 마요네즈를 바른 빵을 덮는다.
6. 식빵의 가장자리를 잘라낸 후 4쪽으로 잘라 접시에 담는다.

19 Brown Gravy Sauce

[브라운 그래비 소스]

시험시간 | 30분

요구사항

주어진 재료를 사용하여 다음과 같이 "브라운 그래비 소스"를 만드시오.

1) 브라운 루(brown roux)를 만들어 사용하시오.
2) 완성된 작품의 양은 200ml 정도를 만드시오.

수검자 유의사항

① 브라운 루(Brown roux)가 타지 않도록 한다.
② 소스의 농도에 유의한다.
③ 조리작품 만드는 순서는 틀리지 않게 하여야 한다.
④ 숙련된 기능으로 맛을 내야 하므로 조리작업 시 음식의 맛을 보지 않는다.
⑤ 지정된 수험자 지참준비물 이외의 조리기구나 재료를 시험장 내에 지참할 수 없다.
⑥ 지급재료는 시험 전 확인하여 이상이 있을 경우 시험위원으로부터 조치를 받고 시험도중에는 재료의 교환 및 추가지급은 하지 않는다.

재료

밀가루 Flour(중력분) ·································20g
버터 Butter(무염) ·······································30g
브라운 스톡(물) Brown Stock or Water···300ml
양파 Onion(중, 150g 정도) ·····················1/6개
토마토 페이스트 Tomato Paste ··················30g
소금 Salt(정제염) ··2g
셀러리 Celery ··20g
당근 Carrot ··40g
검은 후춧가루 Pepper ·································1g
월계수잎 ··1잎
정향 ···1개

Comments

그래비(Gravy)란 육즙(고깃국물)을 뜻하며, 육류를 철판에 구울 때 생기는 국물을 이용하여 만든 소스로 소고기나 닭고기 로스트(Roast) 등 육류 요리에 곁들이는 소스이다.

만들기

1 당근, 양파, 셀러리는 채 썬 다음 팬에 버터를 두르고 갈색이 나도록 볶는다.

2 소스 팬에 버터를 두르고 밀가루를 넣어 갈색으로 볶아서 브라운 루(brown roux)를 만든 후 토마토 페이스트를 넣고 충분히 볶은 뒤 브라운 스톡(Brown stock)을 조금씩 부어 루를 잘 풀어준다.

3 볶은 미르포와(mirepoix)를 넣고 뭉근히 끓여서 체에 거른 다음 다시 끓이면서 거품을 걷어 내고 소금, 후추로 간한 후 담아낸다.

20 Hollandaise Sauce

[홀렌다이즈 소스]

시험시간 | 25분

요구사항

주어진 재료를 사용하여 다음과 같이 "홀렌다이즈 소스"를 만드시오.

1) 양파, 식초를 이용하여 허브에센스를 만들어 사용하시오.
2) 정제 버터를 만들어 사용하시오.
3) 소스는 중탕으로 만들어 굳지 않게 그릇에 담아 내시오.

수검자 유의사항

① 소스의 농도에 유의한다.
② 조리작품 만드는 순서는 틀리지 않게 하여야 한다.
③ 숙련된 기능으로 맛을 내야 하므로 조리작업 시 음식의 맛을 보지 않는다.
④ 지정된 수험자 지참준비물 이외의 조리기구나 재료를 시험장 내에 지참할 수 없다.
⑤ 지급재료는 시험 전 확인하여 이상이 있을 경우 시험위원으로부터 조치를 받고 시험도중에는 재료의 교환 및 추가지급은 하지 않는다.

재료

버터 Butter(무염) ··································100g
달걀 Egg ··1개
레몬 Lemon(길이(장축)로 등분)··················1/4개
소금 Salt(정제염)··2g
흰 후춧가루 White Pepper ···························1g
양파 Onion(중, 150g 정도) ·····················1/8개
검은 통후추 Pepper Corn ·······················3개
식초 Vinegar ·······································10mL
월계수잎 Bay Leaf ·································1잎
파슬리 Parsley(잎, 줄기 포함) ················1줄기

Comments

홀렌다이즈 소스(Hollandaise Sauce) : 네덜란드 소스로, 네덜란드가 프랑스의 식민지일 때 프랑스에 바치던 버터가 소스 이름으로 되었다. 버터 소스 중에서 대표적인 것이 Hollandaise Sauce이다.

만들기

1 양파는 다지고, 통후추는 으깬다.

2 소스 팬에 물, 식초, 다진 양파, 통후추를 넣고 끓여서 되직하게 졸여 체에 거른다.

3 버터는 중탕으로 녹인다(정제 버터).

4 스텐볼에 노른자를 넣고, (2)의 식초물을 조금 넣는다.

5 소스 팬에 물을 올려서 뜨거워지면 스텐볼을 올려놓고 거품기로 잘 저으면서 정제 버터를 조금씩 넣어 가면서 저어 준다(60℃ 정도).

6 되직한 농도가 되면 레몬즙, 소금, 후추로 간을 맞춘 후 담아낸다.

21 Italian Meat Sauce

[이탈리안 미트 소스]

시험시간 | 30분

요구사항

주어진 재료를 사용하여 다음과 같이 "이탈리안 미트 소스"를 만드시오.

1) 모든 재료는 다져서 사용하시오.
2) 그릇에 담고 파슬리 다진 것을 뿌려내시오.

수검자 유의사항

① 소스의 농도에 유의한다.
② 조리작품 만드는 순서는 틀리지 않게 하여야 한다.
③ 숙련된 기능으로 맛을 내야 하므로 조리작업 시 음식의 맛을 보지 않는다.
④ 지정된 수험자 지참준비물 이외의 조리기구나 재료를 시험장 내에 지참할 수 없다.
⑤ 지급재료는 시험 전 확인하여 이상이 있을 경우 시험위원으로부터 조치를 받고 시험도중에는 재료의 교환 및 추가지급은 하지 않는다.

재료

소고기 Ground Beef(살코기 갈은 것) ·········60g
양파 Onion(중, 150g 정도) ·····················1/2개
캔 토마토 Can Tomato(고형물) ·················30g
마늘 Garlic(중, 깐 것) ······························1쪽
셀러리 Celery ··30g
토마토 페이스트 Tomato Paste ·················30g
월계수잎 Bay Leaf ··································1잎
파슬리 Parsley(잎, 줄기 포함) ·················1줄기
소금 Salt(정제염)···2g
검은 후춧가루 Pepper ·······························2g
버터 Butter(무염) ·····································10g

Comments

이탈리안 미트 소스(Italian Meat Sauce)는 고기와 양파, 마늘 등을 다진 것을 볶아서 토마토, 스톡, 향신료 등을 넣고 끓인 소스로 Spaghetti(스파게티) 등의 이탈리아 파스타(Pasta) 요리에 함께 내는 소스이다.

만들기

1 양파, 셀러리는 잘게 썰고(Brunoise), 마늘은 다진다.

2 파슬리는 다져서 면보에 싼 후 물에 씻어 물기를 꼭 짠다.

3 캔 토마토는 남아 있는 껍질을 벗기고 씨를 뺀 후 잘게 다진다.

4 소스 팬에 버터를 두르고 양파, 셀러리, 마늘을 넣어 볶은 다음 소고기를 넣어 볶은 후 토마토 페이스트를 넣고 충분히 볶는다.

5 토마토와 스톡을 넣고 월계수 잎을 넣어 끓이면서 거품은 걷어낸다.

6 소스의 농도가 걸죽해지면 소금, 후추로 간을 하고 월계수잎을 건져 낸 후 그릇에 담고 파슬리를 뿌려낸다.

22 Tartar Sauce

[타르타르 소스]

시험시간 | 20분

요구사항

주어진 재료를 사용하여 다음과 같이 "타르타르 소스"를 만드시오.

1) 모든 재료를 0.2cm 정도의 크기로 다지시오.
2) 소스의 농도를 잘 맞추시오.

수검자 유의사항

① 소스의 농도가 너무 묽거나 되지 않아야 한다.
② 채소의 물기 제거에 유의한다.
③ 조리작품 만드는 순서는 틀리지 않게 하여야 한다.
④ 숙련된 기능으로 맛을 내야 하므로 조리작업 시 음식의 맛을 보지 않는다.
⑤ 지정된 수험자 지참준비물 이외의 조리기구나 재료를 시험장 내에 지참할 수 없다.
⑥ 지급재료는 시험 전 확인하여 이상이 있을 경우 시험위원으로부터 조치를 받고 시험도중에는 재료의 교환 및 추가지급은 하지 않는다.

재료

마요네즈 Mayonnaise ······70g
달걀 Egg ······1개
오이피클 Pickled Cucumber ······1/2
파슬리 Parsley(잎, 줄기 포함) ······1줄기
소금 Salt(정제염)······2g
흰 후춧가루 White Pepper······2g
레몬 Lemon(길이(장축)로 등분)······1/4개
식초 Vinegar ······2mL
양파 Onion(중, 150g 정도) ······1/10개

Comments

타르타르 소스(Tartar Sauce) : 마요네즈에 삶은 달걀, 양파, 피클, 파슬리 등을 다져 넣어 만든 소스로 생선요리에 주로 사용되는 소스이다.

만들기

1. 소스 포트에 계란이 잠길 정도로 물을 넉넉히 붓고 소금, 달걀을 넣어 물이 끓기 시작하여 13분 정도 완숙시킨 뒤 찬물에 식힌 후 껍질을 벗긴다.
2. 양파는 다진 후 소금물에 담구었다가 건져 물기를 없애고, 파슬리는 다져서 꼭 짜 둔다.
3. 오이피클, 계란은 다진다.
4. 볼에 마요네즈, 양파, 피클, 계란 다진 것을 넣고 레몬즙, 소금, 백후추를 넣어 가볍게 섞은 후 그릇에 담고 파슬리를 뿌려낸다.

23 Tomato Sauce

[토마토 소스]

요구사항

주어진 재료를 사용하여 다음과 같이 "토마토소스"를 만드시오.

1) 모든 재료는 다져서 사용하시오.
2) 브론드 루(bronde roux)를 만들어서 소스를 만드시오.
3) 완성된 소스의 양은 200ml 정도 되게 하시오.

수검자 유의사항

① 소스의 농도와 색깔에 유의한다.
② 조리작품 만드는 순서는 틀리지 않게 하여야 한다.
③ 숙련된 기능으로 맛을 내야 하므로 조리작업 시 음식의 맛을 보지 않는다.
④ 지정된 수험자 지참준비물 이외의 조리기구나 재료를 시험장 내에 지참할 수 없다.
⑤ 지급재료는 시험 전 확인하여 이상이 있을 경우 시험위원으로부터 조치를 받고 시험도중에는 재료의 교환 및 추가지급은 하지 않는다.

재료

토마토 Tomato(중, 150g 정도) ······1개	밀가루 Flour(중력분) ······10g
토마토 페이스트 Tomato Paste ······20g	버터 Butter(무염) ······20g
당근 Carrot ······40g	파슬리 Parsley(잎, 줄기 포함) ······1줄기
양파 Onion(중, 150g 정도) ······1/6개	월계수잎 Bay Leaf ······1잎
셀러리 Celery ······30g	흰 통후추 Pepper Corn······3개
베이컨 Bacon(길이 25~30cm) ······1/2조각	정향 Clove ······1개
마늘 Garilc(중, 깐 것) ······1쪽	소금 Salt(정제염)······2g
치킨 스톡(물) Chicken Stock or water ···320ml	검은 후춧가루 Pepper ······1g

Comments

토마토 소스는 이탈리아 요리에 많이 이용되고 있으며, 뜨거운 토마토 소스는 Pasta(파스타)나 Baking(베이킹)하는 요리에 많이 쓰며 다른 소스와 혼합하는 경우도 많다. 차가운 토마토 소스는 생선이나 육류에 잘 어울리는 전통 이탈리아 소스 중의 하나로 알려져 있다.

만들기

1 양파, 당근, 셀러리, 베이컨, 마늘은 다지고 통후추는 으깬다.

2 토마토는 껍질을 벗겨서 콩카세(concasse)를 만든다.

3 팬에 베이컨을 넣어 먼저 볶은 후 마늘과 채소를 넣어 볶는다.

4 팬에 버터를 넣어 녹으면 밀가루를 넣어 브론드 루를 만든 후 토마토 페이스트를 넣고 볶다가 스톡을 부어 잘 푼 후 볶은 채소, 토마토를 넣고 향신료를 넣어 끓인다.

5 농도가 되면 체에 걸러낸 후 소금, 후추로 간하여 담아낸다.

24 Brown stock

[브라운 스톡]

시험시간 | 30분

요구사항

주어진 재료를 사용하여 다음과 같이 "브라운 스톡"을 만드시오.

1) 스톡을 맑고, 갈색을 만드시오.
2) 소뼈는 핏물을 제거한 후 사용하시오.
3) 향신료로 사세 데피스(sachet d'epice)를 만들어 사용하시오.
4) 완성된 스톡의 양이 200ml 정도 되도록 하여 볼에 담아내시오.

수검자 유의사항

① 불 조절에 유의한다.
② 스톡이 끓을 때 생기는 거품을 걷어내야 한다.
③ 조리작품 만드는 순서는 틀리지 않게 하여야 한다.
④ 숙련된 기능으로 맛을 내야 하므로 조리작업 시 음식의 맛을 보지 않는다.
⑤ 지정된 수험자 지참준비물 이외의 조리기구나 재료를 시험장 내에 지참할 수 없다.
⑥ 지급재료는 시험 전 확인하여 이상이 있을 경우 시험위원으로부터 조치를 받고 시험도중에는 재료의 교환 및 추가지급은 하지 않는다.

재료

소뼈 Beef Bone(2~3cm, 정도, 자른 것)	150g	월계수잎 Bay Leaf	1잎
양파 Onion(중, 150g 정도)	1/2개	정향 Clove	1개
당근 Carrot	40g	버터 Butter(무염)	5g
셀러리 Celery	30g	식용유 Oil	50mL
검은 통후추 Pepper Corn	4개	면실	30cm
토마토 Tomato(중, 150g 정도)	1개	소창(15cm×15cm)	1개
파슬리 Parsley(잎, 줄기 포함)	1줄기		

Comments

스톡(Stock)은 소스 및 수프의 재료가 되는 육수로 쇠고기, 닭고기, 생선 등의 살코기 및 뼈 등으로 맛있는 맛을 우려내어 만들며 요리의 종류에 따라 여러 가지의 Stock을 사용한다.

만들기

1. 소뼈는 끓는 물에 데쳐낸다.
2. 양파, 당근, 셀러리, 토마토는 채 썬다.
3. 팬에 식용유를 두르고 소뼈를 볶다가 색깔이 나기 시작하면 채소를 넣어 갈색이 나도록 볶는다.
4. 소스 팬에 버터를 넣고 채소를 볶다가 토마토와 물을 붓고 부케가니를 넣어 뭉근히 끓이면서 거품을 걷어내고 맛이 우러나면 면보에 걸러낸다.

25

Beef Consomme Soup

[비프 콘소메 수프]

시험시간 | 40분

요구사항

주어진 재료를 사용하여 다음과 같이 "비프 콘소메 수프"를 만드시오.

1) 어니언 브루리(onion brulee)를 만들어 사용하시오.
2) 완성된 수프는 맑고 갈색이 되도록 하시오.
3) 완성된 수프의 양은 200ml 정도 되도록 하시오.

수검자 유의사항

① 맑고 갈색의 수프가 되도록 불조절에 유의한다.
② 조리작품 만드는 순서는 틀리지 않게 하여야 한다.
③ 숙련된 기능으로 맛을 내야 하므로 조리작업 시 음식의 맛을 보지 않는다.
④ 지정된 수험자 지참준비물 이외의 조리기구나 재료를 시험장 내에 지참할 수 없다.
⑤ 지급재료는 시험 전 확인하여 이상이 있을 경우 시험위원으로부터 조치를 받고 시험도중에는 재료의 교환 및 추가지급은 하지 않는다.

재료

소고기 Ground Beef(살코기 갈은 것) ·········70g	검은 후춧가루 Pepper ·································2g
양파 Onion(중, 150g 정도)···························1개	소금 Salt(정제염)···2g
당근 Carrot ···40g	파슬리 Parsley(잎, 줄기 포함) ·················1줄기
셀러리 Celery ··30g	월계수잎 Bay Leaf ···································1잎
달걀 Egg ···1개	정향 Clove ···1g
검은 통후추 Pepper Corn ·························1개	비프 스톡(육수) Brown Stock or water···500ml
토마토 Tomato(중, 150g 정도) ·················1/4개	

Comments

콘소메 수프(Consomme Soup)는 대표적인 맑은 수프로, 이용되는 주재료에 따라서 이름이 붙여진다. 쇠고기를 이용하면 비프 콘소메, 닭고기를 이용하면 치킨 콘소메 등으로 이름으로 불리고 있다.

만들기

1. 양파는 밑둥(Oignon brule)을 1cm 정도 잘라서 팬에 넣고 태운다.
2. 양파, 당근, 셀러리는 채 썰고 토마토는 잘게 썬다.
3. 달걀흰자는 거품기로 휘저어서 거품을 낸다.
4. 소스 포트에 소고기, 채소, 달걀흰자를 넣고 잘 섞어서 물(stock)을 붓고 부케가니를 넣어 끓인다.
5. 콘소메가 끓어 떠오르면 가운데에 구멍을 뚫어서 양파 태운 것을 넣고 뭉근히 끓이면서 거품을 걷어낸다.
6. 국물이 맑게 되면 체에 면보를 깔고 살며시 걸러서 소금으로 간을 맞춘다.

26 Potato Cream Soup

[포테이토 크림 수프]

시험시간 | 30분

요구사항

주어진 재료를 사용하여 다음과 같이 "포테이토 크림 수프"를 만드시오.

1) 완성된 수프의 양이 200ml 정도 되도록 하시오.
2) 수프의 색과 농도를 맞추시오.
3) 크루톤(Crouton)의 크기는 사방 0.8cm~1cm 정도로 만들어 버터에 볶아 수프에 띄우시오.

수검자 유의사항

① 수프의 농도를 잘 맞추어야 한다.
② 수프를 끓일 때 생기는 거품을 걷어내야 한다.
③ 조리작품 만드는 순서는 틀리지 않게 하여야 한다.
④ 숙련된 기능으로 맛을 내야 하므로 조리작업 시 음식의 맛을 보지 않는다.
⑤ 지정된 수험자 지참준비물 이외의 조리기구나 재료를 시험장 내에 지참할 수 없다.
⑥ 지급재료는 시험 전 확인하여 이상이 있을 경우 시험위원으로부터 조치를 받고 시험도중에는 재료의 교환 및 추가지급은 하지 않는다.

재료

감자 Potato(200g 정도) ······1개	흰 후춧가루 White Pepper ······1g
양파(중, 150g 정도) Onion ······1/4개	식빵 Bread(샌드위치용) ······1조각
대파 Leek(흰 부분 10cm) ······1토막	생크림 Fresh Cream(조리용) ······20g
버터 Butter(무염) ······15g	월계수잎 Bay Leaf ······1잎
소금 Salt(정제염) ······2g	치킨 스톡(물) Chicken Stock or water ···270ml

Comments

크림수프는 밀가루를 버터에 볶다가 수프스톡을 넣어 끓여 부드러워지면 우유를 넣어 따끈하게 데우고 소금과 후춧가루로 양념하여 수프 접시에 담고 크래커(부순 것)나 크루톤을 띄운다. 밀가루를 볶기 전에 양파를 다져서 볶다가 밀가루를 섞어서 양파의 향미를 가미하기도 한다.

만들기

1 양파와 파는 채 썬다.

2 감자는 껍질을 벗기고 얇게 썰어 찬물에 담가둔다.

3 식빵은 가장자리를 잘라내고 사방 0.8cm의 크기로 잘라서 버터에 갈색이 나도록 구워 크루톤을 만든다.

4 소스 포트에 버터를 두르고 양파와 파를 넣어 볶은 후 감자를 넣고 스톡(물)을 부은 후 월계수잎을 넣고 감자가 푹 무르도록 뭉근히 끓인다.

5 감자가 푹 익으면 월계수 잎을 건져내고 체에 밭쳐 거른 후 냄비에 다시 넣어 농도를 맞추면서 생크림을 넣고 소금, 흰 후춧가루로 간한다(계란이 지급되면 불을 끄고 난황을 넣어준다).

6 수프접시에 담고 크루톤을 띄운다.

27 Fish Chowder Soup

[피시 차우더 수프]

시험시간 | 30분

요구사항

주어진 재료를 사용하여 다음과 같이 "피시 차우더 수프"를 만드시오.

1) 차우더 수프는 화이트 루(roux)를 이용하여 농도를 맞추시오.
2) 채소는 0.7cm×0.7cm×0.1cm, 생선은 1cm×1cm×1cm 정도 크기로 써시오.
3) 완성된 수프는 200ml 정도로 내시오.

수검자 유의사항

① 피시스톡을 만들어 사용하고 수프는 흰색이 나와야 한다.
② 베이컨은 기름을 빼고 사용한다.
③ 조리작품 만드는 순서는 틀리지 않게 하여야 한다.
④ 숙련된 기능으로 맛을 내야 하므로 조리작업 시 음식의 맛을 보지 않는다.
⑤ 지정된 수험자 지참준비물 이외의 조리기구나 재료를 시험장 내에 지참할 수 없다.
⑥ 지급재료는 시험 전 확인하여 이상이 있을 경우 시험위원으로부터 조치를 받고 시험도중에는 재료의 교환 및 추가지급은 하지 않는다.

재료

대구살 Codfish ··· 50g	버터 Butter(무염) ··· 20g
베이컨 Bacon(길이 25~30cm) ··· 1/2조각	우유 Milk ··· 200mL
감자 Potato(150g 정도) ··· 1/5개	소금 Salt(정제염) ··· 2g
양파 Onion(중, 150g 정도) ··· 1/6개	흰 후춧가루 White Pepper ··· 2g
샐러리 Celery ··· 30g	월계수잎 Bay Leaf ··· 1잎
밀가루 Flour(중력분) ··· 15g	정향 Clove ··· 1개

Comments

차우더(Chowder) 수프는 어패류를 주재료로 만든 미국풍의 만찬용 Soup로 대표적인 것이다.

만들기

1. 생선살(대구)은 사방 1cm 크기로 잘라서 끓는 물에 살짝 데쳐 익혀 내고 국물은 체에 걸러서 피시 스톡으로 사용한다.
2. 양파, 감자, 셀러리는 사방 0.7cm, 두께 0.1cm로 썰고 베이컨은 0.7cm 크기로 썬다.
3. 팬에 베이컨을 볶은 후 채소를 넣어 볶는다.
4. 소스 팬에 버터를 넣어 녹으면 밀가루를 넣어 화이트 루를 만든 후 우유를 넣어 베샤멜소스를 만든다.
5. 베샤멜소스에 스톡으로 농도를 맞추고, 베이컨, 채소, 월계수잎, 정향을 넣고 끓이면서 생선살을 넣고 소금, 백후추로 간한 후 그릇에 담아낸다.

28 French Onion Soup

[프렌치 어니언 수프]

시험시간 | 30분

요구사항

주어진 재료를 사용하여 다음과 같이 "프렌치 어니언 수프"를 만드시오.

1) 양파는 5cm 크기의 길이로 일정하게 써시오.
2) 바게트빵에 마늘버터를 발라 구워서 사용하시오.
3) 완성된 수프의 양이 200ml 정도로 하시오.

수검자 유의사항

① 수프의 색깔이 갈색이 나도록 하여야 한다.
② 조리작품 만드는 순서는 틀리지 않게 하여야 한다.
③ 숙련된 기능으로 맛을 내야 하므로 조리작업 시 음식의 맛을 보지 않는다.
④ 지정된 수험자 지참준비물 이외의 조리기구나 재료를 시험장 내에 지참할 수 없다.
⑤ 지급재료는 시험 전 확인하여 이상이 있을 경우 시험위원으로부터 조치를 받고 시험도중에는 재료의 교환 및 추가지급은 하지 않는다.

재료

양파 Onion(중, 150g 정도)·························1개
바게트빵 ···1조각
버터 Butter(무염) ··································20g
소금 Salt(정제염) ··································2g
검은 후춧가루 Pepper ······························1g
파마산 치즈 Parmesan Cheese ·················10g

백포도주 White Wine ··························15mL
마늘 Garlic(중, 깐 것) ························1쪽
파슬리 Parsley(잎, 줄기 포함) ···············1줄기
맑은 스톡(비프스톡 또는 콘소메)
Beef Stock or Consomme ·····················270ml

Comments

양파를 갈색이 나도록 천천히 볶으면서 색깔을 내고, 끓이는 도중에 떠오르는 거품은 걷어낸다. 수프 양에 비해 프렌치 빵이 너무 크면 국물을 많이 흡수해 버리므로 국물의 양에 주의한다.

만들기

1. 양파는 가늘고 일정하게 5cm 길이로 채 썰어둔다.
2. 마늘은 다져두고, 파슬리는 다져 면보에 싸서 씻은 후 물기를 꼭 짠다.
3. 팬에 버터를 두르고 양파를 넣어 약한 불에서 갈색이 나도록 충분히 볶으면서 물을 조금씩 뿌려주면서 볶는다.
4. 양파가 갈색으로 볶이면 콘소메를 넣고 끓인다(시험장에서는 물을 넣고 끓이면 된다).
5. 끓어오르면 불을 낮추어 뭉근히 끓이면서 거품을 걷어 내고 소금, 후추로 간한다.
6. 버터에 다진 마늘과 파마산 치즈, 파슬리를 넣어서 잘 섞은 후 프렌치빵에 바른 다음 팬에 구워 마늘빵을 만든다.
7. 수프 접시에 수프를 담고 위에 프렌치빵을 얹어낸다.

29 Minestrone Soup

[미네스트로니 수프]

시험시간 | 30분

요구사항

주어진 재료를 사용하여 다음과 같이 "미네스트로니 수프"를 만드시오.

1) 채소는 사방 1.2cm, 두께는 0.2cm 정도로 써시오.
2) 스트링빈스, 스파게티는 1.2cm 정도의 길이로 써시오.
3) 국물과 고형물의 비율을 3:1로 하시오.
4) 파슬리 가루를 뿌리시오.

수검자 유의사항

① 수프의 색과 농도를 잘 맞추어야 한다.
② 조리작품 만드는 순서는 틀리지 않게 하여야 한다.
③ 숙련된 기능으로 맛을 내야 하므로 조리작업 시 음식의 맛을 보지 않는다.
④ 지정된 수험자 지참준비물 이외의 조리기구나 재료를 시험장 내에 지참할 수 없다.
⑤ 지급재료는 시험 전 확인하여 이상이 있을 경우 시험위원으로부터 조치를 받고 시험도중에는 재료의 교환 및 추가지급은 하지 않는다.

재료

양파 Onion(중, 150g 정도) ······················1/4개
셀러리 Celery ···30g
당근 Carrot ···40g
무 Turnips ···10g
양배추 Cabbages ·······································40g
버터 Butter(무염) ···5g
껍질콩 String Beans ·································2줄기
완두콩 Green Peas···5알
토마토 Tomato(중, 150g 정도)····················1/8개
스파게티 Spaghetti ···································2가닥
토마토페이스트 Tomato Paste ·····················15g
파슬리 Parsley(잎, 줄기 포함) ··················1줄기
정향 Clove ···1개
마늘 Garlic(중, 깐 것) ································1쪽
소금 Salt(정제염)··2g
검은 후춧가루 Pepper ······································2g
치킨 스톡(물) Chicken Stock or water···200ml
베이컨(길이 25~30cm) ···························1/2조각
월계수잎 ···1잎

Comments

미네스트로니(Minestrone) : 여러 가지 채소와 페이스트를 넣어 만든 이탈리아식의 진한 수프이다.

만들기

1. 양파, 셀러리, 당근, 무, 양배추는 사방 1.2cm, 두께 0.2cm 정도로 썰고 토마토는 껍질을 벗기고 잘게 썬다.
2. 물이 끓으면 스파게티를 넣어 삶은 후 1.2cm 길이로 자르고 껍질콩(String Beans)도 같은 크기로 자른다.
3. 파슬리는 다져서 면보에 싼 후 물에 씻어 물기를 꼭 짜둔다.
4. 소스 팬에 버터를 두르고 양파, 당근, 셀러리, 무, 양배추를 볶은 후 토마토페이스트를 넣고 충분히 볶는다.
5. 여기에 치킨 스톡(물)을 붓고 마늘에 정향을 꽂아 넣은 후 뭉근하게 끓인다.
6. 토마토, 스파게티, 껍질콩, 완두콩을 넣고 끓이면서 거품을 걷어내고 소금, 검은 후추로 간을 맞춘다. 마늘은 건져내고 수프접시에 담은 후 파슬리를 뿌린다.

30 Tuna Tartar with Salad Bouquet and Vegetable Vinaigette

[샐러드 부케를 곁들인 참치타르타르와 채소 비네그레트]

시험시간 | 30분

요구사항

주어진 재료를 사용하여 다음과 같이 "샐러드 부케를 곁들인 참치타르타르와 채소 비네그레트"를 만드시오.

1) 참치는 꽃소금을 사용하여 해동하고, 3~4mm 정도의 작은 주사위 모양으로 썰어 양파, 그린올리브, 케이퍼, 처빌 등을 이용하여 타르타르를 만드시오.
2) 채소를 이용하여 샐러드 부케를 만드시오.
3) 참치타르타르는 테이블 스푼 2개를 사용하여 퀜넬형태로 3개를 만드시오.
4) 비네그레트는 양파, 붉은색과 노란색의 파프리카, 오이를 가로, 세로 2mm 정도의 작은 주사위 모양으로 썰어서 사용하고 파슬리와 딜은 다져서 사용하시오.

수검자 유의사항

① 썰은 참치의 핏물제거와 색의 변화에 유의하시오.
② 샐러드 부케 만드는 것에 유의하시오.
③ 조리작품 만드는 순서는 틀리지 않게 하여야 한다.
④ 숙련된 기능으로 맛을 내야 하므로 조리작업 시 음식의 맛을 보지 않는다.
⑤ 지정된 수험자 지참준비물 이외의 조리기구나 재료를 시험장 내에 지참할 수 없다.
⑥ 지급재료는 시험 전 확인하여 이상이 있을 경우 시험위원으로부터 조치를 받고 시험도중에는 재료의 교환 및 추가지급은 하지 않는다.

재료

붉은색 참치살 Red Tuna ························80g
양파 Onion(중, 150g 정도) ··················1/8개
그린올리브 Green Olive ··························2개
케이퍼 Caper ··5개
올리브오일 Olive Oil ·························25mL
레몬 Lemon ······································1/4개
핫 소스 Hot Sauce ······························5mL
처빌 Chervil ····································2줄기
꽃소금 Salt ··5g
흰 후춧가루 White pepper ·······················3g
차이브 Chive ···································5줄기
롤라로사 Lollo Rossa ·····························2잎
그린치커리 Green Chicory ····················2줄기
붉은색 파프리카 Red Paprika ···············1/4개
노란색 파프리카 Yellow Paprika(150g 정도)···1/8개
오이 Cucumber(가늘고 곧은 것 20cm 정도) ···10g
파슬리 Parsley (잎, 줄기 포함) ···············1줄기
딜 Dill ··3줄기
식초 Vinegar ····································10mL

*지참준비물 추가
테이블스푼 (켄넬용) ·······························2개

만들기

1 볼에 참치가 잠길 정도로 물을 붓고 꽃소금 3% 소금물을 만들어 참치를 넣고 1분간 담근 후 건져 마른 천으로 물기를 제거한다.

2 샐러드 만들기
오이 속을 파내고, 롤라로사, 그린 치커리, 차이브 2줄기, 처빌, 딜, 노란 · 붉은 파프리카를 꽂아 샐러드 부케를 만든다.

3 타르타르 만들기
① 양파, 올리브, 케이퍼, 딜은 곱게 다진다.
② 해동한 참치는 3~4mm 정도로 자른다.
③ 볼에 참치를 담고, 양파, 올리브, 케이퍼와 딜을 넣고, 레몬 주스, 핫 소스, 올리브 오일을 넣고 소금 후추로 간을 하여 혼합한다. 테이블스푼을 이용하여 켄넬 모양으로 3개를 만든다.

4 채소 비네그레트 만들기
① 파슬리는 다져 물기를 제거하고 양파, 노란 파프리카, 붉은 파프리카, 딜을 곱게 다진다.
② 레몬 1/4 조각을 레몬 주스를 만들어 1/2은 타르타르에 넣고, 1/2 조각은 드레싱을 만든다.
③ 볼에 다진 채소와 파슬리, 딜, 레몬을 넣고 식초와 올리브 오일을 번갈아 넣으면서 거품기로 저어주고, 소금, 후추로 간을 한다.

5 접시 1/3 지점에 샐러드를 놓고 앞쪽에 타르타르를 담는다.

6 채소 비네그레트 샐러드 부케 상단과 오이 주변에 예쁘게 뿌려준다.

31 Smoked Salmon Roll with Vegetables

[채소로 속을 채운 훈제연어 롤]

시험시간 | 40분

요구사항

주어진 재료를 사용하여 다음과 같이 "훈제 연어 롤"을 만드시오.

1) 주어진 훈제연어를 슬라이스하여 사용하시오.
2) 당근, 셀러리, 무, 홍피망, 청피망을 0.3cm 정도의 두께로 채 써시오.
3) 채소로 속을 채워 롤을 만드시오.
4) 롤을 만든 뒤 일정한 크기로 6등분하여 제출하시오.
5) 생크림, 겨자무(홀스레디쉬), 레몬즙을 이용하여 만든 홀스레디쉬크림, 케이퍼, 레몬웨지, 파슬리를 곁들이시오.

수검자 유의사항

① 훈제연어기름 제거에 유의한다.
② 슬라이스한 훈제연어살이 갈라지지 않도록 한다.
③ 롤은 일정한 두께로 만든다.
④ 조리작품 만드는 순서는 틀리지 않게 하여야 한다.
⑤ 숙련된 기능으로 맛을 내야 하므로 조리작업 시 음식의 맛을 보지 않는다.
⑥ 지정된 수험자 지참준비물 이외의 조리기구나 재료를 시험장 내에 지참할 수 없다.
⑦ 지급재료는 시험 전 확인하여 이상이 있을 경우 시험위원으로부터 조치를 받고 시험도중에는 재료의 교환 및 추가지급은 하지 않는다.

재료

훈제연어 Smoked Salmon ····················150g
당근 Carrot ··40g
샐러리 Celery ·······································15g
무 Turnip ···15g
홍피망 Red Pimento(중, 75g 정도) ·········1/8개
청피망 Green Pimento(중, 75g 정도) ······1/8개
양파 Onion(중, 150g 정도) ····················1/8개
겨자무(홀스레디쉬) Horse radish ···············10g
양상추 Lettuce ·······································15g
레몬 Lemon ···1/4개
생크림 Fresh Cream(조리용) ····················50g
파슬리 Parsley(잎, 줄기 포함) ·················1줄기
소금 Salt(정제염)······································5g
흰 후춧가루 White Pepper··························5g
케이퍼 Caper··6개

*지참준비물 추가
연어나이프(필요 시 지참, 일반조리용 칼로 대체 가능)

만들기

1 연어 살을 갈라지지 않도록 얇게 6장으로 얇게 자른다.

2 당근, 셀러리, 무, 홍피망, 청피망은 길이 5cm, 두께 0.3cm로 채 썬다.

3 볼에 크림을 넣고 거품기로 저어 휘핑크림을 만든다.

4 물기를 짠 홀스레디쉬에 휘핑크림을 섞어 적당한 농도로 혼합한다.

5 썰어 놓은 연어를 한 장씩 펴 놓고 그 위에 채소를 올려 말아 준다.

6 접시 1/3 지점에 양상추를 깔고 앞쪽에 연어 롤 6개를 담고 양상추 위에 레몬과 파슬리로 장식한다.

7 홀스레디쉬 소스는 연어롤 위에 조금 올리고 소스 위에 케이퍼로 장식한다.

8 다진 양파는 연어 롤 끝부분에 예쁘게 뿌려준다.

32 Sea-food Salad

[해산물 샐러드]

시험시간 | 30분

요구사항

주어진 재료를 사용하여 다음과 같이 "해산물 샐러드"를 만드시오.

1) 미르포아(Mire-poix), 향신료, 레몬을 이용하여 쿠르부용(Court Bouillon)을 만드시오.
2) 준비된 쿠르부용(Court Bouillon)에 해산물을 질기지 않도록 익히시오.
3) 샐러드 채소는 깨끗이 손질하여 싱싱하게 하시오.
4) 레몬 비네그레트는 양파, 레몬즙, 올리브 오일 등을 사용하여 만드시오.

수검자 유의사항

① 조리작품 만드는 순서는 틀리지 않게 하여야 한다.
② 숙련된 기능으로 맛을 내야 하므로 조리작업 시 음식의 맛을 보지 않는다.
③ 지정된 수험자 지참준비물 이외의 조리기구나 재료를 시험장 내에 지참할 수 없다.
④ 지급재료는 시험 전 확인하여 이상이 있을 경우 시험위원으로부터 조치를 받고 시험도중에는 재료의 교환 및 추가지급은 하지 않는다.

재료

새우 Prawn	3마리
관자살 Scallop(개당 50~60g 정도)	1개
피홍합 Mussels Black(길이 7cm 이상)	3개
중합 Clams(지름 3cm 정도)	3개
양파 Onion(중, 150g 정도)	1/4개
마늘 Garlic(중, 깐 것)	1쪽
실파 Leek	20g
그린치커리 Green Chory	2줄기
양상추 Lettuce	10g
롤라로사 Lollo Rossa	2잎
올리브 오일 Olive Oil	20mL
레몬 Lemon	1/4개
식초 Vinegar	10mL
딜 Dill	2줄기
월계수 잎 Bay Leaf	1잎
셀러리 Celery	10g
흰 후춧가루 White Pepper	5g
소금 Salt(정제염)	5g
흰 통후추 White Whole Pepper	3개
당근 Carrot	15g

만들기

1 양파, 셀러리, 당근은 같은 크기로 썰어 미르포아(Mirepoix)를 만든다.

2 홍합과 중합은 깨끗이 손질하고 새우는 머리와 내장을 제거한다.

3 미르포아와 레몬, 월계수 잎, 흰 통후추를 포트에 넣고 물을 부어 끓으면 새우, 홍합, 중합, 관자 살을 넣고, 끓이다가 새우가 뜨면 건지고, 관자, 홍합과 중합도 벌어지면 건진다.

4 삶은 중합, 혼합은 껍질을 분리하고 중합은 내장을 제거한다. 새우는 껍질은 벗겨 반으로 포 뜨고 관자살은 3등분한다.

5 해산물을 적당한 크기로 다진다. 양파, 마늘, 파, 딜을 다져서 섞고 소금, 후추로 간을 하여 레몬 비네그레트 드레싱(Vinaigette Dressing)으로 무친다.

6 접시에 원형으로 채소를 중앙에 양상추를 올리고, 그 위에 해산물 샐러드를 담아 상단에 실파로 장식한다.

7 레몬 비네그레트 만들기

① 레몬 주스를 만들고, 껍질은 속살부분을 제거하고 노란껍질 부분만 small dice로 자른다.

② 볼에 식초와 올리브 오일을 넣고 딜, 레몬 주스, 레몬 껍질, 소금, 흰 후춧가루를 넣고 드레싱을 만든다.

③ 식초와 올리브 오일이 분리되지 않도록 거품기로 충분히 저어준다.

제 8 장 기능경기대회요리

1 과제 Vegetable tartar and tofu salad in yogurt basil sauce

[요구르트소스 곁들인 두부와 볶음채소 샐러드]

요구사항

주어진 재료를 사용하여 다음과 같이 "Vegetable tartar and tofu salad in yogurt basil sauce"를 만드시오.

1) 채소와 버섯은 적당한 크기로 썰어 팬에 올리브오일을 넣고 볶는다.
2) 토마토는 껍질을 벗겨 콩가시(concasse)를 만든다.
3) 볶은 채소와 토마토를 잘 섞는다.
4) 연두부는 사각모양으로 자른 후 올리브오일과 소금, 후추로 간을 한다.
5) 접시에 연두부와 채소 tartar를 놓고 방울토마토로 장식하고 요구르트 바질소스를 뿌려준다.
6) 작품은 3인분으로 만들어 제출하시오.

수검자 유의사항

1) 과제에 대한 기본 작업 준비를 정확하게 한다.
2) 지급된 재료, 지참한 재료 이외의 것은 사용하지 않으며 식재료의 추가지원은 하지 않는다.
3) 요리작품 만드는 작업순서는 과학적이고 합리적이며, 적정한 기구를 사용해야 한다.
4) 메뉴가 요구하는 정확한 작품을 만들고 완성된 요리는 전체적인 조화를 이루어야 한다.
5) 완성된 요리의 온도, 익은 정도 등은 그 요리의 특성에 맞도록 한다.
6) 전 작업은 위생적으로 하며 정리정돈을 한다.
7) 쓸 만한 남은 재료 등을 버리는 행위를 하지 않는다.
8) 옆 사람과 잡담을 하지 않는다.
9) 과제별로 주어진 제한시간에서 5분 이내 초과할 경우 5점 감점, 10분 이내 초과할 경우 10점 감점, 10분을 초과할 경우 실격 처리한다.

재료

재료	분량	재료	분량
애호박	150g	플레인 요구르트	150ml
피망(빨간색)	2개	바질	15g
피망(노란색)	2개	방울토마토	3개
파슬리	10g	표고버섯	100g
새송이버섯	100g	연두부	1개
토마토	1개	허니머스타드	15g
마요네즈	60g	소금	10g
올리브오일	100ml	후추	10g

만들기

1. 피망은 구워 껍질을 벗긴다.
2. 토마토는 끓는 물에 데쳐서 껍질 벗겨 요구사항대로 썬 후 약하게 간을 한다.
3. 채소는 적당크기로 썰어 간을 한 후 올리브오일로 볶는다.
4. 볶음채소는 위 토마토와 혼합하여 마요네즈와 허니 마스타드를 넣어 맛을 낸다.
5. 두부는 요구사항대로 썰어 올리브오일과 소금, 후추로 약하게 간을 한다.
6. 요구르트에 다진 바질을 넣고 간을 하여 소스를 만든다.
7. 접시에 몰드를 이용하여 채소를 먼저 깔고 위에 두부를 올리고 채소를 한번 더 올린다. (모양은 합리적으로)
8. 몰드에서 뺀 후 접시에 소스를 뿌리고 방울토마토와 파슬리로 장식을 하여 마무리한다.

2 과제 Mushroom cappuccino soup and spinach tortellini

[이태리만두와 카푸치노를 올린 양송이버섯 크림수프]

요구사항

주어진 재료를 사용하여 다음과 같이 "Mushroom cappuccino soup and spinach tortellini"를 만드시오.

1) 닭 육수를 만들어서 사용하시오.
2) 버섯크림스프를 만드시오.
3) 시금치 tortellini를 만들어 삶아서 준비하여 사용하시오.
4) 스프의 농도를 잘 맞추시오.
5) 우유를 카푸치노하여 담아내시오.
6) Tortellini 는 1인분에 1개를 넣으시오.
7) 작품은 3인분을 만들어서 제출하시오.

수검자 유의사항

1) 과제에 대한 기본 작업 준비를 정확하게 한다.
2) 지급된 재료, 지참한 재료 이외의 것은 사용하지 않으며, 식재품의 추가지원은 하지 않는다.
3) 요리작품 만드는 작업순서는 과학적이고 합리적이며, 적당한 기구를 사용해야 한다.
4) 메뉴가 요구하는 정확한 작품을 만들고 완성된 요리는 전체적인 조화를 이루어야 한다.
5) 완성된 요리의 온도, 익은 정도 등은 그 요리의 특성에 맞도록 한다.
6) 전 작업은 위생적으로 하며 정리정돈을 한다.
7) 쓸 만한 남은 재료 등을 버리는 행위를 하지 않는다.
8) 옆 사람과 잡담을 하지 않는다.
9) 과제별로 주어진 제한시간에서 5분 이내 초과할 경우 5점 감점, 10분 이내 초과할 경우 10점 감점, 10분을 초과할 경우 실격 처리한다.

재료

재료	분량	재료	분량
양송이버섯	300g	계란	1개
양파	1개	밀가루(중력분)	100g
닭뼈	500g	월계수잎	1잎
생크림	200ml	흰 통후추	3g
우유	300ml	샐러리	20g
버터	100g	당근	20g
올리브오일	50ml	소금	10g
시금치	200g	후추	10g
파마산치즈	40g		

만들기

1 끓는 물에 닭 뼈를 살짝 데쳐 찬물에 채소와 월계수잎, 통후추를 넣어 맑은 육수를 만든다.

2 시금치를 삶아 곱게 갈아 밀가루, 계란, 우유, 올리브오일을 넣어 반죽하여 발효시킨다.

3 양파는 잘게 썰고 양송이는 슬라이스하여 버터에 볶아 육수를 넣어 끓인다.

4 발효된 반죽을 밀고 치즈를 넣어 만두를 만들고 끓은 물에 삶은 후 찬물에 식힌다.

5 끓인 수프를 믹스를 사용하여 간 후 생크림과 간을 하여 마무리한다.

6 그릇을 준비하여 수프에 만두를 넣어 잠시 끓인 후 담는다.

7 더운 우유를 휘핑하여 수프 위에 얹어낸다.

3 과제 Fritter of scallop and shrimp in wasabi mayonnaise dressing

[와사비와 마요네즈소스를 곁들인 새우와 관자튀김]

요구사항

주어진 재료를 사용하여 다음과 같이 "Fritter of scallop and shrimp in wasabi mayonnaise dressing"을 만드시오.

1) 가스오브시 국물을 넣고 튀김반죽을 만드시오.
2) 관자와 새우를 반죽게 묻혀 Deep Frying하시오.
3) 샐러드를 이용하여 부케(bouquet)모양으로 만드시오.
4) 사탕무(Beet root)는 튀겨서 장식으로 사용하시오.
5) 드레싱은 와사비(Wasabi)향이 나게 만드시오.
6) 샐러드의 신선도를 유지하시오.
7) 작품은 3인분을 만들어 제출하시오.

수검자 유의사항

1) 과제에 대한 기본 작업 준비를 정확하게 한다.
2) 지급된 재료, 지참한 재료 이외의 것은 사용하지 않으며, 식재료의 추가지원은 하지 않는다.
3) 요리작품 만드는 작업순서는 과학적이고 합리적이며, 적당한 기구를 사용해야 한다.
4) 메뉴가 요구하는 정확한 작품을 만들고 완성된 요리는 전체적인 조화를 이루어야 한다.
5) 완성된 요리의 온도, 익은 정도 등은 그 요리의 특성에 맞도록 한다.
6) 전 작업은 위생적으로 하며 정리정돈을 한다.
7) 쓸 만한 남은 재료 등을 버리는 행위를 하지 않는다.
8) 옆 사람과 잡담을 하지 않는다.
9) 과제별로 주어진 제한시간에서 5분 이내 초과할 경우 5점 감점, 10분 이내 초과할 경우 10점 감점, 10분을 초과할 경우 실격 처리한다.

재료

새우	9개	계란	1개
관자살	9개	가스오브시	20g
마요네즈	100g	밀가루(박력분)	100g
녹색겨자	15g	우유	300ml
샴페인 비네가	30ml	식용유	1000ml
설탕	70g	사탕무	100g

만들기

1. 새우와 관자를 손질하여 물기를 제거한 다음 소금 후추로 살짝 간을 한다.
2. 밀가루에 계란노른자, 다시 국물, 우유를 넣어 반죽한 다음 계란흰자를 거품 내어 서서히 혼합한다.
3. 마요네즈에 와사비를 넣고 간을 하여 매콤한 소스를 준비하여 튀김에 사용한다.
4. 샴페인에 설탕, 식용유, 소금, 후추를 넣어 비네거소스를 만들어 부케소스로 사용한다.
5. 채소를 이용하여 작은 부케를 예쁘게 만든다.
6. 사탕무를 가늘게 썰어 준비한다.
7. 식용유에 새우와 관자를 반죽에 묻혀 튀김을 한다.
8. 사탕무도 밀가루를 뿌려 튀김을 한다.
9. 접시에 튀긴 사탕무를 깔고 위에 새우와 관자를 올리고 마요네즈소스를 뿌린다.
10. 부케로 장식을 한 후 부케 위에 샴페인 비네거를 뿌려낸다.

4 과제 Lamb cutlette with tabouleh crispy potato wheel and rosemary juice

[로즈마리소스를 곁들인 양고기구이요리]

요구사항

주어진 재료를 사용하여 다음과 같이 "Lamb cuttele with tabouleh crispy ptato wheel and rosemary juice"를 만드시오.

1) lamb juice를 만들어 사용하시오.
2) 미디움(medium)으로 굽고 2조각으로 접시에 담으시오.
3) Vegetable ratatouille를 만들고 그 위에 양고기를 담으시오.
4) 마늘은 창작성을 가미하여 만들어 곁들이시오.
5) 감자는 예술성을 고려하여 동그랗게 튀겨 장식하시오.
6) 작품은 3인분으로 만들어 제출하시오.

수검자 유의사항

1) 과제에 대한 기본 작업 준비를 정확하게 한다.
2) 지급된 재료, 지참한 재료 이외의 것은 사용하지 않으며, 식재료의 추가지원은 하지 않는다.
3) 요리작품 만드는 작업순서는 과학적이고 합리적이며, 적당한 기구를 사용해야 한다.
4) 메뉴가 요구하는 정확한 작품을 만들고 완성된 요리는 전체적인 조화를 이루어야 한다.
5) 완성된 요리의 온도, 익은 정도 등은 그 요리의 특성에 맞도록 한다.
6) 전 작업은 위생적으로 하며 정리정돈을 한다.
7) 쓸 만한 남은 재료 등을 버리는 행위를 하지 않는다.
8) 옆 사람과 잡담을 하지 않는다.
9) 과제별로 주어진 제한시간에서 5분 이내 초과할 경우 5점 감점, 10분 이내 초과할 경우 10점 감점, 10분을 초과할 경우 실격 처리한다.

재료

재료	분량	재료	분량
양고기	700g	감자	1개
샐러드오일	500ml	마늘	10쪽
실파	30g	데리야끼소스	50g
파슬리	20g	샬롯	60g
토마토	1개	소금	20g
올리브오일	60ml	후추	20g
레몬	1/4개	버터	100g
피망(빨간색)	1/2개	양고기뼈	500g
피망(초록색)	1/2개	당근	60g
애호박	60g	토마토페스트	1ts
새송이버섯	60g	적포도주	500ml
양파	1개	쿠스쿠스	10g

만들기

1 양고기 뼈와 채소를 사용하여 국물을 만든다.
2 채소를 각 1cm 정도로 썰어 간을 하여 올리브오일로 볶은 후 토마토 패스트를 넣어 잠시 볶은 다음 준비된 토마토와 다진 파슬리 넣어 마무리한다.
3 양고기는 잘 손질하여 소금 후추로 간을 하여 오일에 잠시 재워둔다.
4 감자는 요구사항대로 썰어 약한 불로 튀겨 준비한다.
5 마늘은 통째로 굽고 샬롯은 버터에 볶는다.
6 쿠스쿠스는 물에 불려 소금 후추로 간을 하여 약한 불에 끓인다.(농도에 주의)
7 포도주와 양고기국물에 로즈마리를 넣어 졸인 다음 데리야끼 소스와 레몬즙을 넣어 소스를 마무리한다.
8 준비된 양고기를 미디움으로 굽는다.
9 준비된 ratatouille를 접시에 깔고 위에 양고기를 올린다.
10 채소 (샬롯, 감자, 마늘)와 쿠스쿠스는 스푼모양을 내어 장식한다.
11 소스를 뿌리고 실파로 길게 장식을 하여 낸다.

5 과제 Chocolate souffle with grand marnier sabayon

[그랑마니아 사바용 소스를 곁들인 초코릿 스프레]

요구사항

주어진 재료를 사용하여 다음과 같이 "Chocolate souffle with Grand marnier sabayon"를 만드시오.

1) 초콜릿 스프레 반죽을 만들어 몰드에 담아서 오븐에 구워서 준비한다.
2) Sabayon sauce를 만들어 사용하시오.
3) 스프레를 볼에서 빼고 접시에 담고 과일과 소스를 곁들이시오.
4) 작품은 3인분을 만들어 제출하시오.

수검자 유의사항

1) 과제에 대한 기본 작업 준비를 정확하게 한다.
2) 지급된 재료, 지참한 재료 이외의 것은 사용하지 않으며, 식재료의 추가지원은 하지 않는다.
3) 요리작품 만드는 작업순서는 과학적이고 합리적이며, 적당한 기구를 사용해야 한다.
4) 메뉴가 요구하는 정확한 작품을 만들고 완성된 요리는 전체적인 조화를 이루어야 한다.
5) 완성된 요리의 온도, 익은 정도 등은 그 요리의 특성에 맞도록 한다.
6) 전 작업은 위생적으로 하며 정리정돈을 한다.
7) 쓸 만한 남은 재료 등을 버리는 행위를 하지 않는다.
8) 옆 사람과 잡담을 하지 않는다.
9) 과제별로 주어진 제한시간에서 5분 이내 초과할 경우 5점 감점, 10분 이내 초과할 경우 10점 감점, 10분을 초과할 경우 실격 처리한다.

재료

재료	분량	재료	분량
계란	3개	복숭아(캔)	1쪽
버터	200g	딸기	3개
설탕	300g	슈가파우더	80g
밀가루(중력분)	200g	초콜릿	200g
오렌지	1개	키위	1개
우유	300ml	그랑마니아	100ml

만들기

1 초코릿을 더운물에 녹인다.

2 우유에 밀가루와 설탕, 버터, 계란노른자를 넣어 약한 불에서 서서히 저어가며 익힌 다음 녹인 초코릿을 넣어 반죽을 만든다.

3 계란흰자를 거품내어 위 반죽에 천천히 섞은 다음 준비된 몰드에 설탕을 바르고 80% 정도 담은 후 오븐에서 굽는다.

4 계란노른자에 설탕과 그랑마니아를 넣어 약한 중탕에서 사바용 소스를 만든다.(계란 익히기에 주의)

5 과일은 보기 좋게 준비하여 장식용으로 사용한다.

6 구운 수플레를 뺀 후 슈가 파우더를 뿌려준다.

7 스플레를 접시에 담고 과일로 장식을 하여 준비된 소스를 예쁘게 뿌려낸다.

제41회 전국기능경기대회 과제

1 과제 Shallow poached scallop and shrimps with wrapped salad bouquet in saffron Pappardelle and pine nut & black olive vinaigrette

[잣과 올리브 비네거소스를 곁들인 관자와 새우샐러드]

요구사항

1) 관자와 새우는 Shallow Poach하여 사용하시오.
2) 샤프론 파파델레 파스타는 두께 약 0.2cm, 2cm(가로)×20cm(세로) 정도의 크기로 밀어 삶아서 샐러드에 사용하시오.
3) 보리 싹과 오렌지는 새우에, 파 싹과 체리 토마토는 관자에 사용하시오.
4) 잣 비네그레이트는 새우에 사용하고, 블랙 올리브 비네그레이트는 관자에 사용하시오.
5) 작품은 3인분을 만들어 제출하시오.

수검자 유의사항

1) 너무 센 불에서 포치하여 관자와 새우가 질겨지는데 유의하시오.
2) 샤프론 파파델레 파스타 반죽농도에 유의하시오.
3) 샤프론 파파델레 크기에 유의하시오.
4) 과제에 대한 기본작업 준비를 정확하게 한다.
5) 지급된 재료, 지참된 재료 이외의 것은 사용하지 않으며, 식재료의 추가지원은 하지 않는다.
6) 요리작품 만드는 작업순서는 과학적이고 합리적이며, 적당한 기구를 사용해야 한다.
7) 메뉴가 요구하는 정확한 작품을 만들고 완성된 요리는 전체적인 조화를 이루어야 한다.
8) 완성된 요리의 온도, 익은 정도 등은 그 요리의 특성에 맞도록 한다.
9) 전 작업은 위생적으로 하며 정리정돈을 한다.
10) 쓸 만한 남은 재료 등을 버리는 행위를 하지 않는다.
11) 옆 사람과 잡담을 하지 않는다.
12) 과제별로 주어진 제한시간에서 5분 이내 초과할 경우 5점 감점, 10분 이내 초과할 경우 10점 감점, 10분을 초과할 경우 실격 처리한다.

재료

재료	분량	재료	분량
강력분	60g	오렌지	1개
블랙올리브	15g	올리브유	90ml
깐 양파	100g	잣	15g
디종 머스타드	10ml	체리토마토	3개
레몬	1/3개	팽이버섯	20g
로즈케일	30g	흰 후춧가루	15g
롤라로사	30g	관자	9개
백포도주	60ml	달걀	1개
붉은 파프리카	1개	보리싹	3g
샤프론	2g	칵테일새우	6마리
소금	10g	파싹	6g

만들기

1 물에 양파, 레몬, 포도주, 소금, 후추를 넣어 국물을 만든다(관자와 새우에 사용).

2 더운물에 샤프란을 넣어 색을 우려낸다.

3 잣 비네거소스 : 다진 잣, 올리브오일, 다진양파, 겨자, 다진파프리카, 레몬즙, 소금, 후추로 간을 하여 소스를 만들어 새우에 사용한다.
올리브 비네거 : 다진올리브, 다진양파, 올리브오일, 겨자, 레몬즙, 소금, 후추로 소스를 만들어 관자에 사용한다.

4 밀가루에 샤프란, 달걀, 소금 후추를 넣어 파스타를 만든 후 요구사항대로 얇게 밀어 삶는다.

5 채소를 사용하여 예쁜 부케를 만들고 파스타로 묶는다.

6 1의 국물에 약한 불을 사용하여 관자와 새우를 넣어 살짝 삶는다.

7 준비된 접시에---잣 비네그레트 소스에 보리 싹은 잘게 썰고 오렌지는 알맹이를 반으로 잘라 새우와 혼합하여 담는다. 올리브 비네그레트소스에 파와 체리토마토를 썰어 관자와 혼합하여 담는다.

8 준비된 부케로 장식하여 비네거소스를 뿌린다.

9 접시 위에 소스를 예쁘게 조금씩 뿌려준다.

2 과제 Chicken consomme with quennel, herb crust dough

[오븐에서 구운 치킨 콩소메수프]

요구사항

1) 닭 육수를 만들어서 사용하시오.
2) 닭 콩소메는 맑고 투명하게 만드시오.
3) Quennel은 1인분에 3개를 넣으시오.
4) 허브크러스트를 만들어 사용하시오.
5) 스프볼 위에 허브크러스트를 씌우고 반죽 위에 다진 로즈마리와 파마산 치츠즐 뿌려서 구우시오.
6) 작품은 3인분을 만들어 제출하시오.

수검자 유의사항

1) 콩소메 스프가 탁하게 되는 것에 유의하시오.
2) Quennel 만들 때 분리되는 것에 유의하시오.
3) 허브크러스트의 농도에 유의하시오.
4) 허브크러스트가 주저 앉는 것에 유의하시오.
5) 과제에 대한 기본작업 준비를 정확하게 한다.
6) 지급된 재료, 지참된 재료 이외의 것은 사용하지 않으며, 식재료의 추가지원은 하지 않는다.
7) 요리작품 만드는 작업순서는 과학적이고 합리적이며, 적당한 기구를 사용해야 한다.
8) 메뉴가 요구하는 정확한 작품을 만들고 완성된 요리는 전체적인 조화를 이루어야 한다.
9) 완성된 요리의 온도, 익은 정도 등은 그 요리의 특성에 맞도록 한다.
10) 전 작업은 위생적으로 하며 정리정돈을 한다.
11) 쓸 만한 남은 재료 등을 버리는 행위를 하지 않는다.
12) 옆 사람과 잡담을 하지 않는다.
13) 과제별로 주어진 제한시간에서 5분 이내 초과할 경우 5점 감점, 10분 이내 초과할 경우 10점 감점, 10분을 초과할 경우 실격 처리한다.

재료

검은 통후추 ······ 15g
깐 양파 ······ 180g
당근 ······ 90ml
백포도주 ······ 30ml
브랜디 ······ 15ml
생이스트 ······ 15g
생크림 ······ 40ml
샐러리 ······ 90g
소금 ······ 20g
올리브유 ······ 20ml
월계수잎 ······ 3장
정향 ······ 3개
파마산치즈 ······ 30g
흰 후추 ······ 5g
강력밀가루 ······ 300g
달걀 ······ 3개
닭고기 ······ 1마리

만들기

1. 닭을 정선하여 뼈와 살을 구분한다.
2. 닭뼈는 끓는 물에 뼈를 살짝 데쳐 맑은 물로 헹궈 찬물에 채소와 통후추, 정향, 월계수잎을 넣어 맑은 육수를 만든다.
3. 밀가루에 물과 달걀과 허브, 이스트와 소금을 넣어 반죽하여 발효시킨다.
4. 살코기를 달걀과 크림, 소금, 후추로 간을 하여 믹스로 갈아 올리브 크기로 만들어 간을 한 육수에 넣어 삶아 따뜻한 육수에 담아 그대로 둔다.
5. 남은 살코기를 다진 채소와 포도주와 달걀 흰자를 거품내어 혼합하여 준비된 찬 육수에 넣어 서서히 약한 불로 콩소메를 만든다.
6. 반죽은 밀대로 밀어 냉장보관하고 달걀은 노른자를 구분하여 둔다.
7. 준비된 콩소메를 소금, 후추로 간을 하여 브랜디를 넣은 후 수프 그릇에 담고 준비된 치킨 큐넬을 넣은 다음 준비된 반죽에 노른자를 발라 그릇에 씌운 다음 위에도 노른자를 바른다.
8. 다진 로즈마리와 파마산 치즈를 혼합하여 위에 뿌려 마무리 한다.
9. 오븐에 굽는다.

3 과제 Vegetable lasagna with warm yogurt cucumber sauce

[오이 요구르트 소스와 채소구이]

요구사항

1) 지름 5cm 정도의 크기로 만드시오.
2) 파프리카는 껍질을 제거하고 사용하시오.
3) 토마토 혼듀를 만들어 사용하시오.
4) Lasagne는 오븐에서 색을 내시오.
5) 베질은 튀겨서 가니쉬로 사용하고 소스는 따뜻하게 하여 사용하시오.
6) 작품은 3인분을 만들어 제출하시오.

수검자 유의사항

1) 소스 농도에 유의하시오.
2) 빵가루 색에 유의하시오.
3) 과제에 대한 기본작업 준비를 정확하게 한다.
4) 지급된 재료, 지참된 재료 이외의 것은 사용하지 않으며, 식재료의 추가지원은 하지 않는다.
5) 요리작품 만드는 작업순서는 과학적이고 합리적이며, 적당한 기구를 사용해야 한다.
6) 메뉴가 요구하는 정확한 작품을 만들고 완성된 요리는 전체적인 조화를 이루어야 한다.
7) 완성된 요리의 온도, 익은 정도 등은 그 요리의 특성에 맞도록 한다.
8) 전 작업은 위생적으로 하며 정리정돈을 한다.
9) 쓸 만한 남은 재료 등을 버리는 행위를 하지 않는다.
10) 옆 사람과 잡담을 하지 않는다.
11) 과제별로 주어진 제한시간에서 5분 이내 초과할 경우 5점 감점, 10분 이내 초과할 경우 10점 감점, 10분을 초과할 경우 실격 처리한다.

재료

재료	분량	재료	분량
감자	1개	소금	10g
깐 양파	30g	시금치	60g
깐마늘	10쪽	식용유	300ml
노란 파프리카	1개	오이	1개
닭육수	10ml	올리브유	20ml
당근	100g	캔토마토	100g
레몬	1/3개	토마토	60g
붉은 파프리카	1개	후레쉬오레가노	1줄기
빵가루	45g	흰 후춧가루	5g
새송이버섯	60g	플레인 요구르트	120ml

만들기

1 피망은 구워 껍질을 벗기고 토마토는 끓는 물에 데쳐 껍질을 벗긴다.

2 캔 토마토와 마늘과 양파를 올리브오일에 볶아 육수를 넣어 간을 하여 소스를 만든다.

3 각종 채소는 요구사항대로 썰어 간을 하여 오븐에 굽는다.

4 오이는 소스에 알맞게 잘라 요구르트에 넣어 레몬과 소금, 후추로 간을 하여 따뜻하게 준비한다.

5 구운 채소를 그릇에 겹겹으로 토마토소스를 넣어가며 담는다.

6 빵가루를 뿌려 오븐에 굽는다.

7 준비된 요구르트 소스를 뿌려 낸다.

참고 : 몰드를 사용하여 구운 다음 접시에 담아 소스로 장식을 하여 낸다.

8 바질을 튀겨 장식한다.

4 과제 Roasted pork tenderloin roulade with glazed apple and porto wine sauce

[포트와인 소스를 곁들인 돼지고기안심요리]

요구사항

1) 돼지안심으로 롤라드를 만드시오.
2) Force Meat을 만들어 사용하시오.
3) 사과는 버터에 Glazing하여 사용하시오.
4) 폴렌타를 만들고 그 위에 룰라드를 담으시오.
5) 주어진 재료를 가지고 더운 채소를 곁들이시오.
6) 작품은 3인분을 만들어 제출하시오.

수검자 유의사항

1) 소스의 농도에 유의한다.
2) 폴렌타의 농도에 유의한다.
3) 돼지고기의 익힘 정도데 유의하시오.
4) 과제에 대한 기본작업 준비를 정확하게 한다.
5) 지급된 재료, 지참된 재료 이외의 것은 사용하지 않으며, 식재료의 추가지원은 하지 않는다.
6) 요리작품 만드는 작업순서는 과학적이고 합리적이며, 적당한 기구를 사용해야 한다.
7) 메뉴가 요구하는 정확한 작품을 만들고 완성된 요리는 전체적인 조화를 이루어야 한다.
8) 완성된 요리의 온도, 익은 정도 등은 그 요리의 특성에 맞도록 한다.
9) 전 작업은 위생적으로 하며 정리정돈을 한다.
10) 쓸 만한 남은 재료 등을 버리는 행위를 하지 않는다.
11) 옆 사람과 잡담을 하지 않는다.
12) 과제별로 주어진 제한시간에서 5분 이내 초과할 경우 5점 감점, 10분 이내 초과할 경우 10점 감점, 10분을 초과할 경우 실격 처리한다.

재료

재료	분량	재료	분량
가지	100g	생표고버섯	50g
건포도	30g	소금	10g
깐 양파	100g	아스파라거스	9줄기
닭육수	150ml	우유	100ml
당근	120g	파슬리	25g
데미글라스	270ml	폴렌타	90g
돼지안심	600g	피스타치오	50g
무염 버터	60g	흰 후추	5g
사과	1개	달걀	1개
생크림	60ml	포트와인	60ml

만들기

1. 안심을 Face meat과 Stuffing고기를 분리한다.
2. Stuffing고기는 싸기 좋게끔 얇게 저며 소금 후추로 간을 하여 둔다.
3. 건포도와 피스타치오는 미지근한 물에 잠시 불려둔다.
4. 남은 살코기에 달걀, 크림, 향료, 다진 파슬리, 양파를 넣어 소금 후추로 간을 하여 곱게 갈아 건포도와 피스타치오를 넣어 서서히 저어 섞어둔다.
5. 저며 놓은 고기에 4번을 넣은 다음 말아서 실로 묶어 오일을 발라 오븐에 굽는다.
6. 폴렌타는 우유와 소금 후추로 간을 하여 불린다.
7. 사과는 먹기 좋은 크기로 잘라 껍질을 제거하여 버터에 볶음 후 치킨 스톡과 소금, 후추로 간을 하여 약한 불로 졸인다.
8. 채소는 보기 좋은 모양으로 썰어 치킨 스톡에 삶아 버터에 볶아 사용한다.
9. 불린 폴렌타는 약한 불로 서서히 저어가며 익힌다.(농도에 주의)
10. 소스는 포트와인을 졸여 데미글라스를 넣어 간을 한다.
11. 접시에 구운 폴렌타를 놓고 그 위에 안심조각을 얹고 사과와 채소로 장식을 하여 예쁘게 소스를 뿌린 후 낸다.

5 과제 Cream cheese mousse with finger cookies and raspberry sauce

[산딸기소스를 곁들인 크림치즈무스]

요구사항

1) 핑거 쿠키를 별립법으로 제조(길이 5cm)하시오.
2) 산딸기 소스를 만들어 사용하시오.
3) 핑거쿠키, 산딸기소스, 크림치즈 무스를 사용하여 층층이 만드시오.
4) 과일과 초콜릿으로 가니쉬하시오.
5) 작품은 3인분을 만들어 제출하시오.

수검자 유의사항

1) 무스 제조 시 크림치즈가 덜 풀어지는 것에 유의하시오.
2) 머랭 섞는 과정에서 기포가 꺼지는 것에 유의하시오.
3) 소스의 농도에 유의하시오.
4) 과제에 대한 기본작업 준비를 정확하게 한다.
5) 지급된 재료, 지참된 재료 이외의 것은 사용하지 않으며, 식재료의 추가지원은 하지 않는다.
6) 요리작품 만드는 작업순서는 과학적이고 합리적이며, 적당한 기구를 사용해야 한다.
7) 메뉴가 요구하는 정확한 작품을 만들고 완성된 요리는 전체적인 조화를 이루어야 한다.
8) 완성된 요리의 온도, 익은 정도 등은 그 요리의 특성에 맞도록 한다.
9) 전 작업은 위생적으로 하며 정리정돈을 한다.
10) 쓸 만한 남은 재료 등을 버리는 행위를 하지 않는다.
11) 옆 사람과 잡담을 하지 않는다.
12) 과제별로 주어진 제한시간에서 5분 이내 초과할 경우 5점 감점, 10분 이내 초과할 경우 10점 감점, 10분을 초과할 경우 실격 처리한다.

재료

재료	분량	재료	분량
가루젤라틴	6g	애플민트	3개
냉동 레드 커런트	30g	오렌지 술	5ml
냉동블루베리	30g	옥수수전분	50g
다크초콜릿 커버춰	100g	크림치즈	140g
박력분 밀가루	50g	키위	1개
산딸기퓨레	100ml	화이트 초콜릿 커버춰	100g
생크림	130ml	후레쉬망고	1개
백설탕	180g	달걀	1개

만들기

1 젤라틴을 찬물을 넣어 불린 다음 끓는 물에 중탕으로 서서히 녹인다.
2 치즈에 설탕을 첨가하여 따뜻한 온기에서 서서히 녹인다.
3 초콜릿도 따뜻한 물로 중탕으로 녹인다.
4 달걀에 설탕을 넣어 친 다음 밀가루를 넣어 쿠키반죽을 만든 후 요구사항대로 만들어 오븐(약한 불에서)에서 굽는다.
5 설탕을 넣어 녹인 치즈에 휘핑크림을 넣어 잘 혼합하여 젤라틴을 넣는다.
6 크림에 초콜릿을 넣어 끓여 식힌 다음 장식용으로 사용한다.
7 산딸기에 설탕과 술을 넣어 끓이여 전분으로 농도를 조정한다.
8 블루베리와 레드 커렌트는 설탕에 졸여 장식용으로 사용한다.
9 몰드를 사용하여 요구사항대로 겹겹이 쌓아서 굳힌다.
10 초콜릿으로 모양을 만들고 과일은 보기 좋게 잘라 장식용으로 사용한다.
11 몰드에서 뺀 무스를 접시에 담고 8번과 10번으로 장식하고 소스를 뿌린 후 애플민트로 예쁘게 마무리한다.

참 | 고 | 문 | 헌 〉〉〉

이종호 : 조리원리와 실제, 기문사, 2007.

전희정 외 : 맛있는 서양조리, 교문사, 2003.

강무근 외 : 서양조리, 예문사, 2002.

최수근 : 고급서양요리, 대왕사, 2005.

최수근 : 서양조리, 형설출판사, 1996.

장 프랑수아르벨(한혜선, 조남선 옮김) : 뛰어난 맛과 요리솜씨의 역사. 에디터, 2004.

피터 바햄(이충호 옮김) : 요리의 과학, 한승, 2002.

부엌에서 알수 있는 거의 모든 것의 과학 : 사마키 타케오(구성희 옮김), 휘슬러, 2004.

최수근 : 소스의 이론과 실제, 형설출판사, 1999.

서울 롯데호텔 : 조리직무교재

정청송 외 : 조리과학기술, 2003.

이영미 : 향신료, 김영사, 2004.

고진철 외 : 식음료실무관리론, 대왕사, 2004.

이상정 외 : 기초조리 체계론, 수학사, 2007.

오석태 외 : 서양조리학개론, 신광출판사, 1998.

하대중 외 : 조리원리, 대왕사, 2001.

김기영 : 호텔주방관리론, 벽산출판사, 1999.

Shirley O, Corriher : CookWise, William Morrow, New York 1997.

Harold McGee : On Food and Cooking, Unwin Hyman London, 1986.

Marjorie S, Arkwright, R, D : Classical Cooking the Modern Way, CBI, Publishing Company, Inc, 1979.

John Wiley &Sons : Professional Cooking, 1999.

저|자|소|개

이 종 호

- 경희대학교 석사(이학석사)
- 경희대학교 박사(이학박사)
- 쉐라톤 워커힐 조리부 근무
- 한국국제요리대회 찬요리 금메달
- 한국국제요리경연대회 더운 요리 금메달
- 성심외국어대학 외식산업과 교수 역임
- 대림대학 호텔외식조리과 교수 역임

현) 경성대학교 외식산업경영학과 교수

이 철 기

[경력]

- 서울 프라자호텔 조리팀
- 쿠웨이트 쉐라톤호텔 조리팀
- 쉐라톤 워커힐호텔 조리팀

현) 스포타임 조리팀장

[자격증]

- 한국조리기능장

[대회수상]

- 싱가폴 요리대회 한국팀 (금) (은) 수상
- 서울국제요리대회 (금) 다수

[표창]

- 제7회 노동부선정 "기능한국인"
- 노동부장관 표창
- 문화관광부 장관표창
- 보건사회부장관 표창
- 식품의약품 안전청장표창
- 한국관광공사사장표창

[심사]

- 전국 및 지방기능경기대회 심사장 및 심사위원
- 서울국제요리경연대회 심사위원

강 옥 구

현) 서정대학 호텔조리과 교수

현) 국가공인 대한민국 조리기능장

현) 한국 산업인력공단 심사위원 및 식음료부문 교재 편찬 위원

현) 한국 산업인력공단 우편원격훈련과정 검토 전문위원

현) 노동부 직업훈련기관 및 과정 평가위원

현) 경희대학교 일반대학원 조리외식경영학과 박사과정

- 백석문화대학 외식산업학부 겸임교수 역임
- 동우대학 서양요리 외래교수 역임
- MILLENNIUM SEOUL HILTON HOTEL SECTION CHEF 역임
- 1992 PARADISE BEACH HOTEL(PUSAN)
- 1991 PRINCE HOTEL(DAEGU)

[대회수상]

- 2007 한중일 국제요리경연대회 단체전 금상 수상
- 2006 INTERNATIONAL KREMLIN CULINARY CUP-RUSSIA MOSCOW CLASS-SIX RESTAURANT APPETIZER 금상수상 외 각종 국제요리경연대회 12회 수상
- 2005 서울기능경기대회 요리부문 금상수상(산업인력관리공단, 노동부)

[저서]

- 커리너리 아트(효일)
- 최신서양요리기술(아트디자인)
- MASTER CHEF COOKING(현학사)
- 기초양식실습(백산출판사)
- 현대이탈리아 요리(훈민사)

서양조리

2008년 4월 21일 초 판 발행
2011년 2월 25일 2판 1쇄 개정판 발행
2015년 1월 31일 2판 2쇄 발행

저 자 이종호 · 이철기 · 강옥구
발행인 한 인 환
발행처 도서출판 **기 문 사**
등 록 1978. 8. 9. NO. 6-0637
주 소 서울시 동대문구 용두2동 730-4번지 홍신빌딩 3층
전 화 02) 2265-7214/922-8662~8663
팩 스 02) 922-8772

homepage : www.kimoonsa.co.kr
e-mail : book@kimoonsa.co.kr

ISBN : 978-89-7723-489-5 13590

정가 : 20,000원

불법복사는 지적재산을 훔치는 범죄행위입니다. 저작권법 제 97조의 5(권리의 침해죄)에 따라 위반자는 5년 이하의 징역 또는 5천만원 이하의 벌금에 처하거나 이를 병과할 수 있습니다.